구본형의
마지막 편지

구본형의

마지막 편지

어제보다 아름다운
오늘을 살고 싶은
그대에게

Humanist

여는 편지

우리는 참 많은 이야기를 편지로 나누었습니다.

아침잠이 많은 학창시절, 아버지와 함께 새벽에 일어나기로 해놓고 늦잠을 자곤 했습니다. 일주일 연속으로 늦잠을 자고 학교에서 귀가한 어느 날이었습니다. 책상 위에 편지 한 장이 놓여 있었지요.

책에 대한 생각, 삶의 빛과 그림자에 대하여 가지게 된 생각을 소중히 기억하도록 해라. 기억한다는 것은 매일매일의 생활 속으로 너의 희망을 불러들여 구체화한다는 것을 의미한다. 생각과 삶이 같아질수록 자기 자신을 존중하고 사랑하게 된다. 자신의 일상에서 '아름다운 나'로 거듭나는 모습을 확인하는 과정이야말로 성숙의 진정한 의미일 것이다.

하루에 30분 혹은 한 시간 정도의 책 읽기는 네 생각을 더욱 풍부하게 할 것이다. 밑줄을 쳐가며 읽어라. 애착을 갖게 될 것이다. 책 속의 주인공은 언제나 너처럼 생각하고, 너처럼 느끼며, 바로 그 일 때문에 즐거워하고 괴로워한, 일상을 살아간 개인들이었음을 기억해라. 그리고 그들 역시 조금은 피곤하고, 때론 풀이 죽기도 하고, 회의적이며, 주위 사람들에게 화를 내고, 자신을 못살게 구는 우리와 같은 평범한 사람들임을 기억해라. 그들은 단지 자신의 욕망을 깊이 들여다보고, 공익에 기여하는 방향으로 삶을 이루어갔던 것이다. 무엇을 아주 잘한다는 것은 '멋'이 있는 것이다. 그것은 '전문성의 아름다움'이다. '나를 좋아하는 내가' 되기를 기원한다.

편지를 쓸 때마다 아버지는 가장 예쁜 종이에 가장 아끼는 펜으로 한 자 한 자 정성들여 써주셨습니다. 받을 때마다 기분이 좋아지는 다정하며 힘 있는 아버지의 손 글씨. 지금도 그 편지를 볼 때면 아버지가 아주 가까이에 계신 듯합니다.

편지는 시간이 지나도 이렇게 남아 있습니다. 그때의 기억과 냄새를 간직한 채로. 아버지와 주고받은 편지를 읽다 보면 그때의 저로 돌아갑니다. 당시에는 마음속 깊이 이해하지 못했던 내용들이 다시 읽으니 고개를 끄덕이게 합니다. 스스로 빛나는 삶의 길을 알려주고자 하셨던 행간 속의 그 보이지 않던 이야기들이 이제는 조금씩 보입니다. 가끔 좌표를 잃고 헤맬 때, 다시 꺼내어 그 목소리에 귀 기울여보길 바라셨을 겁니다. 썼다 지우기를 반복하며 고심했을 그 편지들 속에는 제가 가장 빛날 수 있는 길로 이끌어주는 따뜻한 응원의 손길이 있었습니다.

아버지가 만약 지금 계신 곳에서 편지를 보내신다면 빙그레 웃으며 이렇게 쓰실 것 같습니다.

푸른 하늘과 흰 구름
그대 웃는 얼굴
좋은날 이곳에서 그대들에게 보내니
오늘 눈부신 하루되시길

2013년 7월

저자를 대신해서 두 딸 해린, 해언 드림

차례

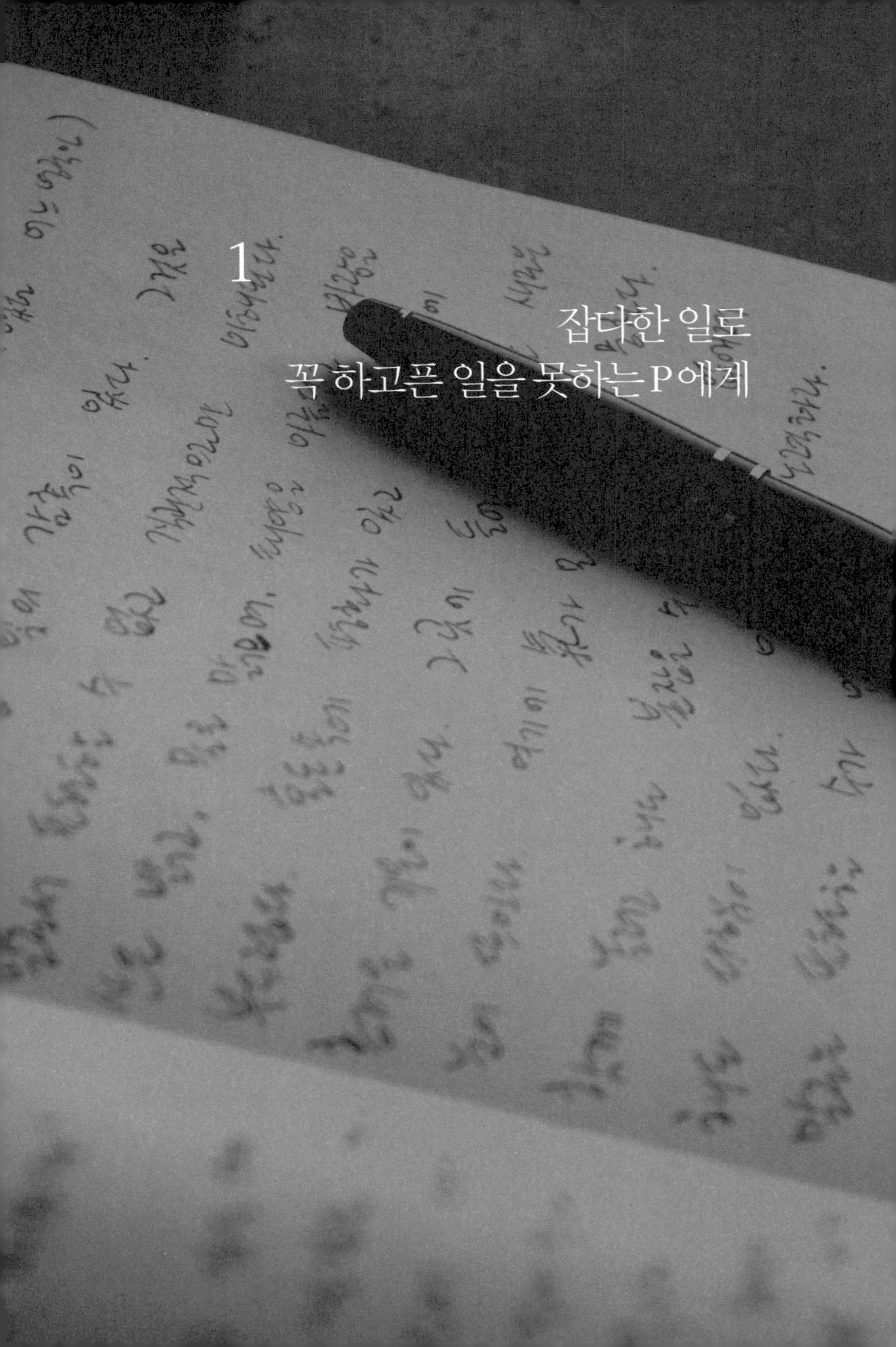

1

잡다한 일로 꼭 하고픈 일을 못하는 P에게

새해 들어 한 번 쏟아진 눈이 날씨가 추워 녹지 않고 오래도 간다. 나는 열흘째 흰 눈으로 가득한 산을 즐기고 있다. 잘 있었느냐? 네가 작년에 보낸 편지에 대하여 나는 아직도 답을 보내지 못하고 있다. 너의 다양한 관심과 즐거운 일을 하며 살고자 하는 태도를 이해하지 못하는 것은 아니다. 그런 기질로 태어났으니 안타깝지만 어쩔 수 없는 일이라고 생각하면 그만이다.

솔직히 말하면, 나는 네 편지를 읽으며 화가 났다……. 그래도 한 번 더 이야기를 해봐야겠다고 생각해 이 편지를 쓴다. 그러니 행간에 숨어 있는 나의 분노와 안타까움을 놓치지 말고 함께 읽어주면 좋겠구나.

너는 성공으로부터 멀리 떨어져 있다. 이것이 내가 본 현재 너의 위치 좌표다. 더 나쁜 것은 점점 더 멀어지고 있다는 것이다. 왜인 줄 아느냐? 너 스스로를 잡다하게 쓰고 있기 때문이다. 너는 이 일도 하고 저 일도 하면서 또 다른 일들을 벌이기 시작한다. 이 일과 저 일이 서로 도우며 삶으로 결집되어 하나의 형체로 수렴되는 모습이 아니라, 에너지가 사방으로 분산되는 모습이다. 힘과 힘이 만나 서로 돕지 못하고 갈라져 흩어지더니 이내 소진되는 모습을 나는 지켜본다. 힘이 모아지지 않으니 네가 가지고 있는 공력을 제대로 쓸 수 없는 것이다.

너는 아침에 일어나 글쓰기로 하루를 시작한다고 했다. 조용히 혼자 하는 것은 아니고, 여러 사람을 모아 글쓰기 커뮤니티를 만들어서 하고 있다고 들었다. 너의 재능으로 보아 참 좋은 일이라고 생각한다. 나같이 내성적인 사람은 홀로 조용히 글을 쓰지만, 너처럼 외향적인 사람은 그렇게 여럿이 글을 쓰고 그 커뮤니티를 이끌어가는 즐거움이 클 것이다. 한 기수가 끝나면 다른 기수를 받아들여 다시 몇 달간 매일 아침 글쓰기를 하니, 마치 작은 학교처럼 네 커뮤니티가 운영되고 있음을 알겠다.

그런데 나는 여기서 네 힘이 새어나가는 것을 본다. 매일 글을 쓰지만 그 글들이 서로 모여 하나의 완성도 있는 작품으로 흐르지 못하는 것 같구나. 너는 여행에 대한 글을 쓰려고 했다. 나는 그것이 '길 위에서의 열정'이라는 한 권의 책으로 묶여 나오기를 기다렸다. 금방 될 것 같았지만 1년이 넘은 지금 그 책이 준비 중인 것 같지 않구나.

너는 또 하루의 일부를 네 아이를 보살피는 데 쓸 것이다. 머리가 빠르고 손이 재며 순발력이 뛰어나니 반복되는 가사 일을 재빨리 해치울 것이다. 그런데 너는 다시 연극에 뛰어들었다. 공연을 앞둔 아마추어 시민 배우로서 연극에 몰두하고 있다. 목이 쉬고 또 너의 짧은 열정이 연극에 투입된다.

알 수 없구나. 크로아티아 여행기를 끝내야 하는 네가 어쩌다 연극에 영혼이 팔려 그 일에 뛰어들게 되었는지 말이다. 네 하루하루의 글은 그저 잡다한 잡문이 되어 머물고 만다. 너는 하나의 조각가가 작품을 만들듯 한 작품에 힘을 모으는 것이 아니라, 얼마 동안 타오르는 열정으로 한 나무 조각을 파다가 이내 그만두고 다른 나무 조각을 깎기 시작한다. 네 주위에는 파다 만 조각상들만 즐비하다.

늘 글을 쓰니 나는 너를 작가라고 부르고 싶지만, 한 권의 책도 없으니 사회는 너를 작가라고 부르지 않는다. 제대로 완성된 작품이 하나도 없으니 너를 조각가라고 부를 수도 없다. 이제 막 연극을 시작했으니 너를 배우라고 부를 수도 없다. 너는 분산되어 있어 어디에도 온전한 너가 없다. 어디에나 있지만 어디에도 없다. 그러니 어느 것도 딱 떨어지게 마땅한 직업이 되지 못하는 것이다.

"살고 싶은 대로 산다."는 것은 내가 즐겨 쓰는 말이다. 그러나 그것이 즉흥적이라는 말은 아니다. 때때로 살아지는 대로, 마음이 흐르는 대로 반응하는 것이 더할 수 없는 자유로움이지만 그것 때문에 나의 내면의 규율과 북소리가 꺼지는 것은 아니다. 아마추어와 프로의 차이는 그런 것이다.

프로가 되려면 오래해야 한다. 오랜 집중과 반복되는 훈련을 거쳐야 한다. 어느 영역이나 마찬가지다. 그래서 자기가 좋아하는 영역을 고르라는 것이다. 좋아하므로 그 길고 오랜 여정을 견딜 수 있고, 그리하여 고된 수련이 주는 깊어지는 숙성의 기쁨을 얻으라는 것이다.

프로가 되는 훈련은 그 길 앞에 놓인 크고 작은 산들을 넘는 것이다. 어느 날 절벽처럼 나타난 바위벽 앞에 서면 손발이 오그라들고 정신은 두려움에 떨게 될 것이다. 그러나 뜻을 세운 사람은 그 바위벽을 타 넘어야 한다는 것을 안다. 그 어려움을 넘어서면 그 아래에서는 볼 수 없었던 새로운 세계를 만나게 된다. 그리고 올라올 때의 괴로움이 다시 되돌아갈 수 없는 절망적 용기로 전환된다.

너는 '절망적 용기'라는 이 기묘한 말의 뜻을 알겠느냐? 그것은 마치 "이제 주사위는 던져졌다. 나는 이제 되돌아갈 수 없다. 무엇이 나를 기다리더라도 나는 모든 장애를 물리치고 앞으로 나아갈 수밖에 없다."는 인식이다. 내가 택한 길을 따라 여러 언덕과 험준한 장애를 넘어갈수록 나는 내 길에서 물러설 수 없게 된다. 나는 나의 영웅이 될 수밖에 없다. 스스로 용기를 낼 수밖에 없는 것이다.

그것이 프로다. 이것저것 쉬운 단계에서 잠깐의 열정으로 다른 사람보다 조금 더 빨리 습득되는 작은 재주를 자랑해서는 안 된다. 아마추어의 다양한 재미는 결코 프로의 깊은 맛을 따를 수 없다. 그래서 운명이 널 찾아오면 그 일에 너를 다 던지라는 것이다.

"나는 이 길을 갈 것이다. 이것이 나의 뜻이다. 나는 나를 다 던져 이 일로 유명해지리라."

이런 전사(戰士)의 서원을 하라는 것이다. 그러니 다른 잡다한 일로부터 너를 정리할 수밖에 없게 되는 것이다.

연습과 훈련은 하나의 작품 안에서 끝까지 갈 수 있을 때 고루 습득되는 것이다. 그래야 프로의 기술로 이어지게 된다. 일단 프로가 되려는 뜻을 세우면 다음과 같은 원칙을 스스로 세워 지켜가야 한다. 내가 해보니 모두 참으로 중요한 원칙들이어서 권해본다.

첫째, 매일 일정한 시간을 하나의 일에 집중 투입해라. 이때는 반드시 이를 지원하는 습관의 힘을 빌려야 한다. 나는 매일 새벽에 일어나 두세 시간 글을 쓴다. 그 글들은 모두 하나의 주제에 집결됨으로써 앞으로 나올 책의 장절이 되고 꼭지가 된다. 때가 되면 솥에서 밥이 익듯 먹을 만한 것이 된다.

둘째, 번거로운 일로부터 자신을 해방시켜라. 정신과 몸의 건강을 지켜주는 너만의 쾌락을 구하도록 해라. 너는 특히 사는 맛을 중히 여기는 사람이니 하루하루 즐겁게 살지 못하면 숨이 막힐 것이다. 그러나 그 외의 것들로부터는 자유로워지는 것이 좋다. 나는 술을 즐기고, 이야기를 즐기고, 여행을 즐긴다. 그래서 종종 쓸데없이 밤이 길어지고 술이 과하게 되곤 한다.

나는 원칙을 정해두었다. 모든 비즈니스 만남은 낮에 끝낸다. 저녁으로 이어지지 않는다. 그러자 일주일에 한 번 정도 꼭 만나고 싶은 사람들과의 술과 이야기는 얼마든지 즐기면서도 새벽에 일어나 글을 쓰는 나만의 계율은 잘 지켜질 수 있었다.

셋째, 필요한 만큼의 금전은 벌어야 한다. 집중하기 위해서는 생활에 너무 쪼달리면 안 된다. 그러니 자력으로 밥벌이가 되어야 전념할 수 있다. 프로의 길로 들어선 길에서 이익이 나면 좋겠지만 그 준비 과정에서 돈벌이가 신통치 않다면, 먼저 절제해야 한다. 동시에 그 일이 부업 정도는 되도록 간단한 비즈니스 모델을 만들어두는 것이 좋다.

너는 작가가 되고 싶어 하고, 테마가 있는 여행사를 운영해보고 싶어 한다. 이번에 네가 기획하여 인솔한 크로아티아와 슬로베니아 여행은 환상적이었다. 네게는 소질이 있다. 그러나 네가 절대 놓쳐서는 안 되는 것은 그곳을 다녀온 후 크로아티아 여행기가 나왔어야 한다는 것이다. 출판사도 정해졌고, 여행의 감흥도 절정이었으니, '길 위에서의 열정'은 반드시 나왔어야 하는 책이다. 만약 그랬다면 너는 그 책에서 다소의 인세 수익을 얻었을 것이다.

그런데 너는 바싹 당겨 그 일에 집중하지 못했다. 시간이 지나는 동안 그때의 감흥을 다 잃어버렸다. 그리고 어느 날 시민 배우가 되어 연극을 시작했으니, 너는 골키퍼밖에 없는 문전에서 슈팅을 포기한 꼴이 되었다. 너는 두려움에 진 것이다. 작가의 필연적 고뇌와 집중 과정에서 너무도 쉽게 물러난 것이다. 쉬운 길로 얼른 도망간 것이다.

네 안에 들어 있는 무수한 아마추어들에 맞서라. 나는 사람들이 종종 한 길을 갈 때 필연적으로 나타나는 언덕과 가파른 계곡 앞에서 되돌아오는 것을 많이 보았다. 많은 재능을 가지고 있어 그 길로 가면 참 좋은 전문가가 될 수 있겠다 여긴 사람들이 바로 그 자리에서 흥미를 잃고 다른 길로 접어드는 것을 많이 보았다. 그들 자신도 그걸 안다. 이 고개, 이 바위를 넘으면 더 나아갈 수 있고, 더 잘하게 되리라는 것을 알고 있지만, 이때부터 찾아오기 시작하는 훈련과 땀을 두려워하는 것이다.

그래서 그들은 좋은 재능을 가지고도, 즐거움을 주는 가벼운 앞 단계에서 그치고 만다. 그리고 이런 초보 단계의 가벼운 즐거움들에 빠져 이것도 맛보고 저것도 맛보며 하루를 보내게 된다. 그렇게 인생이 몇 년 흐르고 또 몇 년이 더해지지만 이런 사람들은 겨우 몇 달의 경험 수준을 여기저기에서 반복하면서 영원한 아마추어로 남게 된다. 이들은 결국 프로가 되지 못한다. 좋아하는 분야에서 일가를 이루는 직업화 과정으로 이어지지 못하기 때문에 경제적으로도 불안정하다. 재주가 많은 팔방미인이 끼니를 걱정해야 하는 상황은 모두 이런 것을 경계하라는 교훈이기도 하다.

나이가 들수록 좋은 의도로 필요한 조언을 해주는 사람의 수는 줄어들게 마련이다. 어릴 때는 부모님이 애정 어린 잔소리와 회초리로 그 역할을 해주셨다. 학교를 떠났으니 이제 선생님도 계시지 않는다. 조언은 어떤 모습이든 나의 모자람에 대한 충고이니 불쾌할 만한 요소를 품고 있게 마련이다. 그러니 조언이란 참 어려운 것이다.

그래서 나는 원칙을 정했다. 스스로 물어오기 전에는 어른에게는 이런 조언을 하지 않겠다고 말이다. 어린아이도 싫어하는 잔소리를 왜 어른에게 하겠느냐? 나는 그것이 바보 같은 일이라고 생각한다. 그러나 내가 이 바보 같은 일을 지금 하는 것은 꼭 한 가지 이유가 있기 때문이다. 너는 그동안 네 재능의 반짝임과 재치로 나를 웃게 했고 기쁘게 했다. 나는 네가 내게 준 그 즐거움에 고마워한다. 그래서 꼭 한 번만 바보짓을 하기로 마음을 먹었다.

《맹자(孟子)》에 "불영과불행(不盈科不行)"이란 말이 나온다. "물이 흐르다 웅덩이를 만나면 그 웅덩이를 다 채운 다음에야 비로소 앞으로 나아간다."는 말이다. 네게 꼭 한마디를 해야 한다면 이 말을 해주고 싶다.

작가가 되어 살아도 좋겠다고 마음먹었으니 매일 글을 쓰고, 그 글들이 페이지마다 연결되어 같은 방향으로 물길이 되어 흐르게 해라. 혹 커다란 웅덩이가 나타나 물길이 막히고 고여 더 나아가지 못할 때도 쉽게 던져버리고 다른 주제, 다른 영역, 다른 재미로 도망가지 말고 매일 그 커다란 웅덩이를 조금씩 채워 가거라. 그 거대한 웅덩이가 다 차면, 그때 비로소 호수가 만들어진다. 웅덩이가 클수록 호수도 커진다. 채우는 시간이 길수록 수량이 풍부한 호수가 되는 것이다.

기억해라. 신은 누구에게나 공헌할 수 있는 특별한 역할을 맡겼다. 너를 잡다하게 써 낭비하지 마라. 너를 딱 맞는 네 일에 집중해 쓰도록 해라. 그리하여 오래 그 일을 배우고, 좋아하고, 이윽고 그 일로 먹고살고 즐길 수 있는 통달한 경지에 이르기를 바란다.

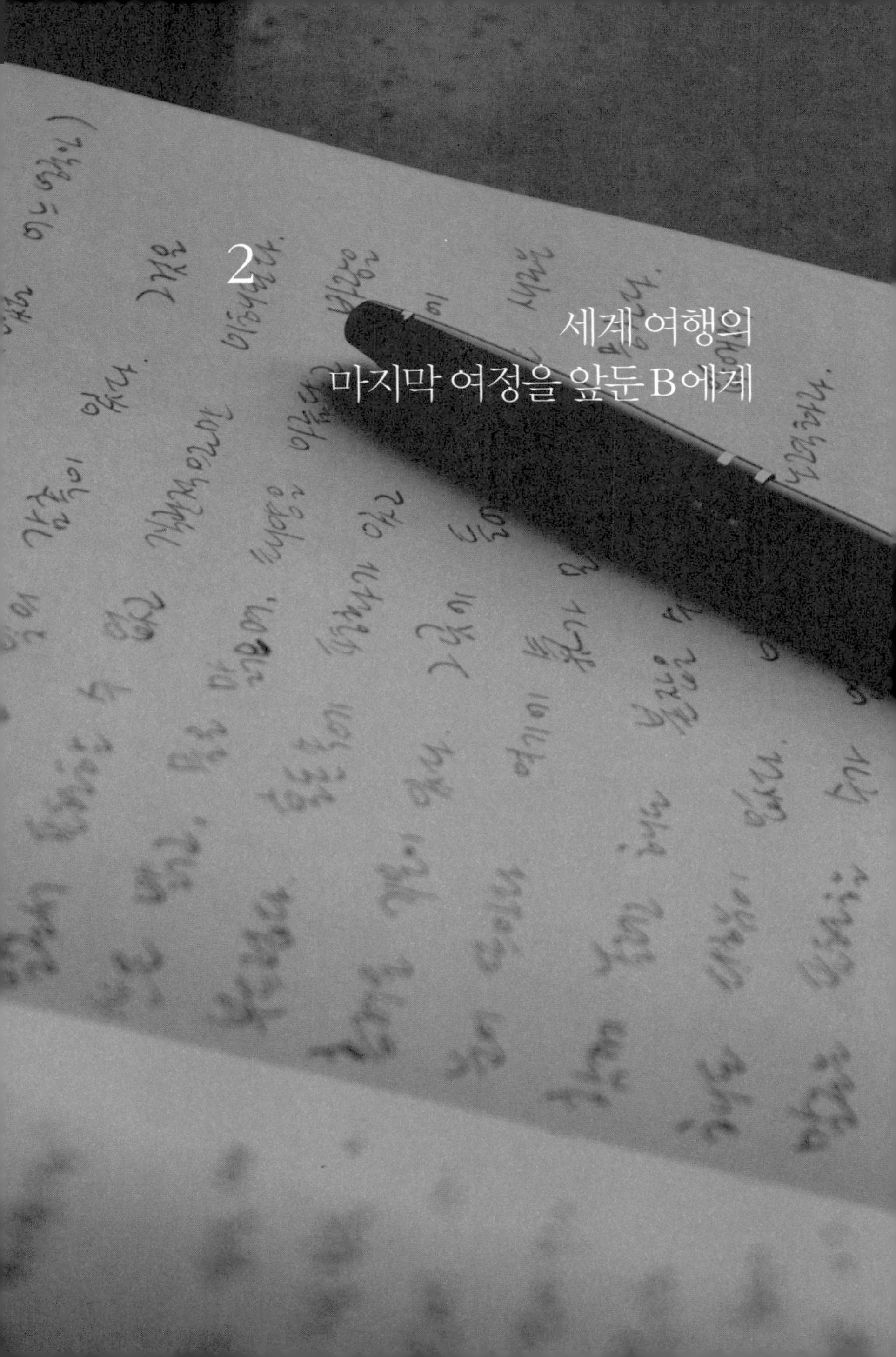

2

세계 여행의 마지막 여정을 앞둔 B에게

B에게

여행은 막바지로 접어들었겠구나. 볼리비아의 우유니 소금사막과 페루의 마추픽추를 남겨두고, 너는 가장 열정적인 대륙에 가 있구나. 긴 여행은 한 달 후면 끝이 날 것이다. 네가 보낸 편지를 받았다. 지구의 끝에서 보낸 편지여서 여러 번 읽었다. 마치 그 편지에 그곳의 냄새가 묻어 있기라도 한 것처럼 말이다. 건강한 젊은 육체, 그것은 무엇을 하기에도 적합한 아름다운 것이지.

너는 편지에 이렇게 썼더구나.

세상을 알고 저를 알기 위해 세계 일주라는 이상적인 삶을 살아보았습니다. 이제는 현실로 돌아와 꽃을 피울 시기입니다. 그러나 막상 돌아가 항상 꿈꿔왔던 일들을 행동으로 옮기려고 하니 열정과 의욕이 생기지 않아 힘이 듭니다. 실패할지도 모른다는 두려움 때문인지, 현실과 너무 오랫동안 떨어져 있어서인지 잘 모르겠습니다. …… 생각만 해도 가슴이 뛰던 그 일들을 이제 행동하려는 지금 제 마음은 움츠러들고 있습니다. 어쩐 일일까요? 꽃도 피우지 못하고 제 열정이 죽을 것 같아 두렵고 괴롭습니다.

6개월 전, 한국이 뜨거운 여름으로 바뀌기 시작할 때, 너는 이곳을 떠났다. 세상 사람들이 사는 모습을 보기 위하여, 뻔한 인생이 네 안에 들어와 자리 잡기 전에, 너는 이곳을 떠났다. 홀로 배낭 하나 둘러메고 떠나는 여행은 훌륭한 모험이었다는 것을 알고 있다. 너는 이제 세상으로부터 귀환하고 있는 것이다. 그리고 알 수 없는 두려움 속에 휩싸이게 된 것이다.

오늘 네게 한 사람의 이야기를 들려주고 싶다. 그 역시 너와 같은 젊은이였다. 그는 미국에서 대학원을 마치고 유럽으로 유학을 떠났다. 파리와 뮌헨에서 중세 프랑스어와 산스크리트어를 배운 그는 다시 미국으로 귀국했다. 그런데 공교롭게도 그해가 바로 1929년이었다. 이 젊은이는 세계를 강타한 대공황으로 아무런 직업의 기회를 갖지 못했다.

그때 그는 훌륭한 결심을 하게 된다. 바로 자신에게 더할 수 없는 선물을 하기로 한 것이다. 이 젊은이는 자신이 보고 싶은 모든 책에 파묻혀 보낼 계획을 세웠다. 그래서 우드스톡이라는 작은 마을로 들어가 5년 동안 칩거했다. 먼저 좋아하는 작가의 책을 모조리 읽고, 그다음에는 그 작가가 인용한 책의 작가로 옮겨가 그들이 쓴 책들을 모조리 읽어나갔던 것이다. 그에게 영향을 준 작가들은 이런 '모두 읽기' 방식으로 그의 스승이 되어 주었다. 그에게 벌이가 없던 우드스톡에서의 생활은 지독히 가난한 세월이었다.

그때 그는 자신의 책상 서랍 맨 위 칸에 1달러짜리 지폐를 넣어두고, 그 돈이 그곳에 존재하는 한 자신은 극빈의 생활을 하는 것은 아니라고 위안을 하기도 했다. 그는 젊고 명민한 5년을 자신에게 선물하면서 다음과 같은 마음의 약속을 했다고 한다.

> 아무런 책임질 일을 가지고 있지 않을 때, 즉 방랑을 할 때는 미래에 대하여 생각하면 안 된다. 특히 다음 두 가지에 대해서는 결코 생각해서는 안 된다. 하나는 굶는 것이고, 또 하나는 다른 사람이 나를 어떻게 생각할까 하는 것이다. 방랑하는 시간은 긍정적이다. 성취에 대하여 생각해서는 안 된다.

멋진 말이지만 무책임하다고 생각할지 모르겠구나. 그렇다면 지금까지의 네 삶을 되돌아보아라. 지난 삶 자체가 하나의 줄거리를 이룬 것처럼 보이지만 그 시절, 그 순간에는 그야말로 혼란의 연속이었을 것이다. 뜻밖의 일이 또 다른 뜻밖의 일을 뒤따르듯이 말이다. 그러나 '나중에 돌아보면 그야말로 완벽했다'는 것을 알게 된다. 따라서 모든 것이 그야말로 '뜻밖이며, 그야말로 적시'인 것이다. 이 패러독스, 나는 이것이 삶이라는 것을 이해한다. 그러므로 순간순간 삶의 떨림과 충만함을 따라가라고 조언하고 싶구나.

인생은 여행처럼 즐거운 자유로 만발해 있다. 우리가 자유를 느끼는 순간 모든 것이 가능성이고, 모든 것이 나서서 우리에게 말을 걸고 있다는 것을 깨닫게 된다. 특히 취업에 어려움을 겪고, 미래에 대한 불안으로 가득한 젊은이들에게 나는 늘 이 젊은이의 이야기를 들려준다.

5년 후 그 청년은 우드스톡을 나와 사라로렌스 대학의 교수가 된다. 이 사람이 바로 세계적인 비교종교학자이며 신화학자인 조셉 캠벨(Joseph Campbell, 1904~1987)이다. 그가 나중에 나이가 아주 많이 들어, 내 기억에는 아마 작고하기 바로 전해가 아닐까 싶다만, 방송인인 빌 모이어스와의 인터뷰에서 이런 말을 한 적이 있다.

어떤 사람은 자기 천복을 한번도 좇아보지 못하고 산 셈입니다. 천복 같은 것과는 상관없이 성공을 거두는 사람도 있겠지요. 하지만 그런 성공으로 사는 삶이 어떤 삶일까 한번 생각해보세요. 평생 하고 싶은 일은 하나도 해보지 못하고 사는 그 따분한 인생을 생각해보세요. 나는 늘 말합니다. "육신과 영혼이 가자는 대로 가거라." 일단 그런 느낌이 생기면 그 느낌에 머무르는 겁니다. 그러면 어느 누구도 우리 삶을 방해하지 못합니다.

나는 조금 알 것 같구나. 그들이 체험한 우연한 사건들은 그들로 하여금 "내가 살아 있구나."라는 우주적 떨림으로 몰아갔고, 그들은 그 순간을 절대로 잊지 않음으로써 의식의 변모를 이루기 시작한 것이다. '전에는 이렇게 생각했지만 지금부터는 이렇게 생각해보는 삶의 일대 각성'이 일어난 것이다. 돌연한 삶의 각성이 일어나면, 우리는 과거의 삶으로 되돌아갈 수 없다. 마치 도를 닦는 선승의 돌연한 깨우침이 그를 전혀 다른 차원의 세상으로 이끌어가듯, 한 번 일어난 정신적 각성은 과거의 삶을 단숨에 폭발시켜 새로운 세계로 돌진하게 하는 추진력을 얻게 만든다.

B야,

이쯤에서 한 번만 더 짚고 넘어가자. 인생을 바꾸는 순간이니 너는 좀 더 확실한 증거는 없을까 하고 묻고 싶을 것이다. 과거의 나를 버리고, 어쩌면 몇 년간 준비해오던 모든 것을 버리고 전혀 예기치 않은 길을 선택하게 될 때, 그 불안과 두려움을 건어낼 좀 더 확실한 증거는 없는 것일까? 그 길이 천복이고 내 길이라는 좀 더 확실한 물증 말이다. 조셉 캠벨은 또 우리에게 이렇게 말한다.

> 내 의식이 제대로 된 의식인지, 아니면 엉터리 의식인지 모릅니다. 내가 아는 존재가 제대로 된 존재인지, 아니면 엉터리 존재인지도 모릅니다. 그러나 내가 어떤 일에 천복을 느끼는지 그것은 압니다. …… 우리는 늘 이와 비슷한 것, 천복에 닿은 것 같은 조그만 직관을 경험하고 있지요. 그걸 잡는 겁니다. 그걸 잡으면 무엇이 어떻게 될지는 아는 사람도, 가르쳐줄 사람도 없습니다. 우리 자신의 마음 바닥으로 그걸 인식할 도리밖에는 없어요. …… 어떤 떨림, 내가 우주와 공명하고 있다는 그 느낌이 들면 그것에 진실해야 합니다. 그때는 사자의 주둥아리에 머리를 들이밀고 될 대로 되라고 믿는 용기가 필요한 것입니다.

지금 네게 필요한 것은 바로 우주적 공명과 떨림을 가장 확실한 증거로 삼아 사자의 주둥아리에 머리를 들이미는 용기다. 네가 여행을 떠나며 마음속에 받아들였던 그 짜릿한 '살아 있음'을 계속할 용기 말이다. "나는 살아 있다. 고로 존재한다." 이것이 젊은이의 모토여야 한다. 그래, 두려움은 틀림없이 새로운 미지의 세계로 들어서는 흥분과 다른 것이 아니다.

우연을 도약으로 승화시킨 인물들의 결정적 선택의 순간에는 거의 예외 없이 지금 가지고 있는 불안전한 안정을 던져버리고 새로운 길로 들어선다는 것이다. 그 돌아섬, 그것은 포기나 실패가 아니다. 내가 아닌 것을 버림이 곧 모험이 시작되는 출발점이 되는 것이다. 버리지 못하면 얻을 수 없다. 너는 미래의 안정을 버리고 '하고 싶은 떨림을 찾아 나서지 않았느냐?'

이 대목에서 너는 차원이 다른 선택을 한 것이다. 부처의 가르침처럼 모든 슬픔의 근원은 집착이다. 그동안 너를 몰아온 불편한 집착을 놓아버리는 순간 너의 영혼은 날아오를 것이다. 뻔한 미래로 향하는 네 진로를 바꾸어놓은 갈림길에서 '너만을 위해 예비된' 운명적 선택을 하게 되는 것이다. 그 길은 미지의 세계에 대한 두려움과 새로움에 대한 흥분이 함께하는 모험의 세계로 통한다. 자신을 떨리게 한 우연한 각성에 다다른 사람들은 모험이 없는 인생은 로망이 없는 연애처럼 지루하다는 것을 알고 있다.

남미를 떠나기 전에 칠레를 들를 것이냐? 꼭 다녀오너라. 칠레의 열혈 시인 파블로 네루다의 시를 읽을 때 나는 남미의 붉은 태양처럼 살고 싶어진다. 칠레가 낳은 위대한 시인은 이렇게 말한다.

"리얼리스트가 아닌 시인은 시인이 아니다. 그러나 리얼리스트에 불과한 시인도 시인이 아니다."

이 말은 네루다만큼이나 뜨거운 또 한 명의 혁명가, 죽는 순간까지도 네루다의 시집을 가지고 다녔던 체 게바라의 다음과 같은 말로 더 완벽하게 이해된다.

"우리 모두 리얼리스트가 되자. 그러나 마음속에 이루어질 수 없는 꿈을 품자."

B야,

젊은이들은 모두 학교를 졸업하면 회사로 몰려간다. 회사는 밥이고, 일상이고, 땀이고, 속박이다. 우리는 그 안에서 지치고, 반복하고, 눈치 보고, 할 말을 참는다. 현실은 우리가 리얼리스트가 되도록 한다. 좋다. 인정하고 받아들이자. 땅에 뿌리내린 리얼리스트가 되자. 그러나 꿈을 꾸자. 하늘로부터 받은 모든 영감을 동원하고 지혜를 빌려 누구도 생각하지 못한 일을 기도(企圖)해보자.

그 일이 나를 자랑스럽게 만들도록 특별한 생각을 내 현실 속에 구현해보자. 이때 우리의 현실은 살 만한 것이 되고, 우리의 생각은 새로운 현실이 된다. 이쯤 되면 나는 세상이 만들어주는 대로 사는 수동성에서 벗어나 세상 속에 내 생각 하나가 숨 쉬고 자라나게 하는 작은 제국을 건설하게 된다. 내 마음대로 작동하는 우주 하나가 생겨나는 것이다.

너의 두려움, 그 두려움 앞에 움츠러드는 열정, 그리고 막상 새로운 일을 시작할 때의 불안은 오히려 본질적인 변화를 예고

하는 나팔수들이다. 바로 너의 정신적 각성이 인생의 변곡점과 도약점에 서 있다는 것을 뜻하는 것이기도 하다. 이제 여행의 마지막 일정을 네 미래로 가득 채우길 바란다. 꿈은 미래를 지향하고, 마음은 현재의 살아 있음을 감지할 때, 삶은 올바른 방향으로 지금을 음미하며 나아갈 수 있는 것이다. 너의 막바지 여행이 미래로 가득 차길 바라는 마음에서 나는 이 편지를 '미래 편지'라고 부르마. 몸 건강히 잘 지내도록 해라.

아, 인생을 하고 싶은 일로 가득 채우는 일, 그 일보다 신나는 일이 어디 있겠느냐? 좋아하는 일을 하면서 보내기에도 너무 짧은 인생인 것을.

3

Y에게 젊음은 미리 늙지 않는 것이다

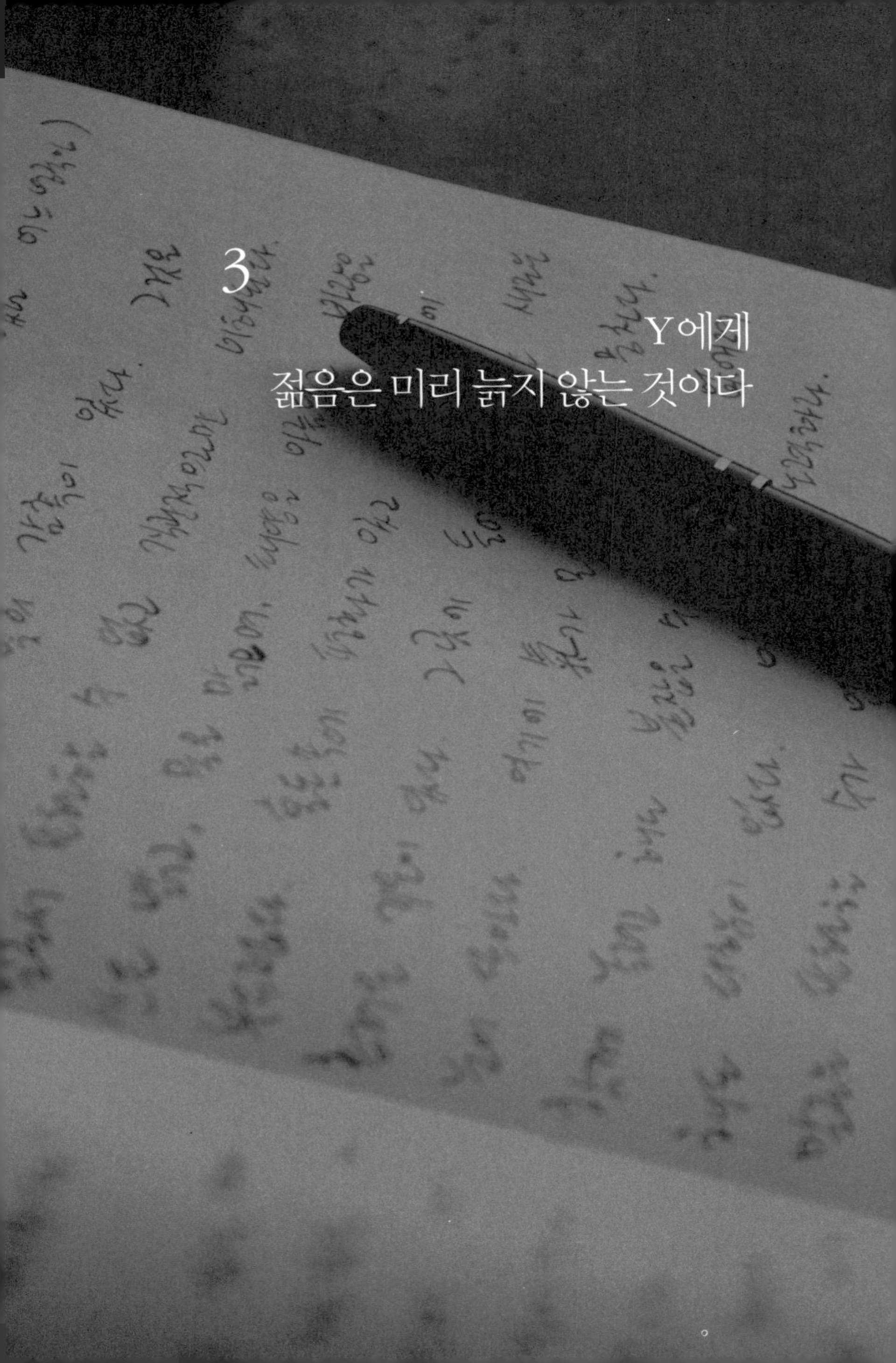

서울에 도착한 시간은 새벽 1시, 마지막 열차에서 내리니 눈보라가 사방에서 밀려들었다네. 어찌나 춥던지, 미리 봄옷 차림으로 남쪽 부산을 다녀온 나는 목도리라도 하고 올 걸 하고 후회했다네. 이미 서울역사 안의 편의점은 문을 닫아 우산도 구할 수 없고, 노숙자들만 겨울보다 더 추운 봄날에 잘 곳을 찾아 이리저리 몰려다니고 있었다네.

눈을 맞으며 역사(驛舍)를 나오니 택시는 거의 끊기고, 막 기차에서 내린 손님들만 길게 줄을 서 기다리고 있었다네. 순간 서울에 도착했건만 집에 갈 방법이 막막하여 당황스러웠다네. 잠시 자네들에게 화가 나기도 했네. 하필이면 이런 날 나를 불러 골탕을 먹이는구나 하고 말일세. 달랑 기차표 두 장으로 나를 부산으로 불러 강연을 하게 한 날, 봄눈은 그렇게 춥고 황당하게 내렸지.

서부역으로 나온 나는 거의 대각선상에 있는 불가마 찜질방에서 잠을 잘까 하고 생각했네. 조금 걸어 나와 편의점에서 우산을 하나 사 눈보라를 가리고 그곳까지 걸어갔다네. 그런데 막상 건물 하나가 통째로 찜질방인 그곳 입구에 이르니 들어가기가 싫었네. 길 가는 택시를 조금만 더 기다려보기로 했지. 하지만 헛된 기다림이었다네. 나는 실망했고, 점점 추워져 할 수 없이 다시 찜질방으로 들어갈까 망설였지.

그때 문득 이 밤이 나쁘지 않다는 느닷없는 생각이 들었다네. 봄눈이 미친 듯이 쏟아지는 이 밤, 눈길을 걸어 집에 가도 나쁘지 않으리라. 옷깃을 세우고 잠시 망설이는 나를 몰아 눈길을 걸어보기로 했네. 마음을 먹자 그 길은 즐겁고 특별한 작은 모험처럼 여겨졌다네. 밤 영업을 끝낸 주점과 식당 주인들은 가게 앞 눈을 쓸고 있었지. 내일을 위한 비질이었다네.

가게 불빛이 내리는 눈발들을 환하게 비추고 있었네. 한참을 걸었다네. 마치 시베리아를 걷는 젊은이인 양 스스로 즐겁게 과장하면서 말일세. 내가 그런 우스운 시도를 하게 된 것은 아마 불과 몇 시간 전에 그대들 젊은이들을 대학 캠퍼스 안에 수백 명 모아놓고, "젊음은 젊음으로 살아야 한다."고 말하고 난 뒤였기 때문인지도 모르겠네.

수백 명의 젊은이들이 모인 넓은 강당에서 자네는 강사인 나를 소개하면서 그 강연회를 개최하게 된 숨은 사연과 과정을 참석자들에게 자세히 설명하더군. 그 자리에 앉아 나도 자네의 말을 흥미롭게 들었다네.

그래, 자네는 내게 한 달 전쯤 메일을 보냈지. 부산에 와서 대학생들에게 강연을 해줄 수 없느냐고. 강연료를 줄 수는 없지만 꼭 필요한 젊은이들에게 열정을 나눠달라고 말이야. 자네는 거의 백 명에 달하는 유명 인사들 한 사람 한 사람에게 편지를 보냈다고 했네. 백 명의 사람에게 보냈는데, 아흔여섯 명에게서는 아무 회신이 없었다고 했지. 세 명은 정중히 거절했다고 했고. 그리고 내가 보낸 하나의 답장에 희망을 가지게 되었다고 했네. 그 편지에 나는 이렇게 썼지.

"나는 이 강연회에 가지 않겠습니다. 매력적이지 않아요. 내가 거절할 수 없는 이유를 만드세요."

내가 보낸 짧은 메일 속의 이 메시지를 자네는 옳게 해석했더군. 자네는 뜻을 같이하는 젊은이들과 모여 이 강연회를 아이티 재건을 돕는 모금운동과 연계시키고, 뜻이 있는 NGO를 초청하고, 대학교 앞 상가를 돌아다니며 모금운동을 했지. 자네의 이런 노력은 결국 내가 흔쾌히 그곳에 가서 젊은이들을 위한 무료 강연회를 하도록 만들었네. 그리하여 작은 인연이 맺어지게 되었고, 우리는 멋진 만남을 하게 되었지.

나는 자네가 애써 배우려는 사람이고, 온전하게 자신을 바쳐 열심히 현재의 삶에 참여하려는 멋진 청년이라는 것을 알았네. 눈길을 걸어 집으로 돌아온 날, 나는 자네 같은 젊은이들에게 들려주고 싶은 한 가지 이야기를 정리해보았네. 그리고 이 이야기에 '젊음은 결코 미리 늙어서는 안 되는 것'이라는 제목을 붙여두었네. 강연에서 나누었던 이야기와 연결되는 것이니 마음에 담아두고 잊지 않기를 바라네.

나는 종종 젊은이들이 너무도 빨리 밥벌이와 친해지는 현상을 보곤 한다네. 너무도 빨리 '경제적 필요'에 무릎을 꿇는 것을 자주 목격하지. 아이를 가르치는 데는 전혀 흥미가 없으면서도 오랫동안 교사 일을 할 수 있다는 안정성 때문에 교직에 목을 매는 젊은이를 보았다네. 국민에게 봉사하는 즐거움에 대해서는 한 번도 생각해본 적이 없으면서도 사기업보다 10년은 더 다닐 수 있다는 것 때문에 공무원이 되려고 하는 젊은이들을 보았네. 고등학교 때는 대학에 들어가기 위해서, 대학에서는 취업을 위해서 스펙에 목매는 젊은이들을 수없이 본다네.

어쩔 수 없는 일이라고 말하지 말게. 그것은 어쩔 수 없는 일이 아니네. 나는 멀쩡히 다니던 대학을 중퇴한 빌 게이츠나 스티브 잡스 같은 인물들이 세계를 좌지우지한다고 강변하려는 생각은 추호도 없다네. 오히려 너무도 많은 젊은이들이 달려가는 그 큰길이 바로 엄청난 레드오션(red ocean: 블루오션과 반대의 개념으로, 경쟁이 매우 치열하여 붉은 피를 흘려야 하는 경쟁시장을 말한다)이라는 것을 알려주고 싶은 것뿐이라네.

생각해보게. 지금은 지식사회이고, 창의성이 최고의 미덕인 시대라네. 기업은 창의성에 목매고 있지. 그런데 열 명의 대학생 중에서 아홉 명은 비슷한 인생을 가지고 있다네. 비슷한 생각, 비슷한 경로, 비슷한 스펙에 꽁꽁 묶여 있지. 우습지 않은가? 자신만의 차별적인 인생 스토리를 만들어내지 못한 채, 창조성이 생명인 사회를 맞이한다는 말이네.

나는 젊음의 가장 중요한 특성은 바로 '아주 많은 우연한 사건들' 속에 자신을 노출시키는 용기라고 생각하네. 지나고 보니 인생은 결국 여러 크고 작은 사건들로 짜여 있다는 것을 알게 되었네. 계획대로 일이 이루어져 기쁘기도 하고, 오래 준비하고 바라던 일이 무산되어 엉뚱한 곳으로 흘러가는 삶에 당황하고 고통스러워하며 지내기도 하지만, 결국 그 사건들이 곧 인생의 내용이라는 것을 깨닫게 된 것이네.

누군가의 삶이 흥미진진한 이야깃거리가 되려면 그 사건들이 흥미진진해야 하지 않겠는가? 이것은 커다란 사건만을 추구하라는 뜻이 아니라네. 중요한 것은 어떤 사건이든 그것을 훌륭하게 재해석해낼 수 있는 힘에 달려 있네.

20세기 가장 위대한 혁명가 가운데 한 명으로 꼽히는 체 게바라(Che Guevara, 1928~1967)는 원래 의사였다네. 하지만 20대 초반 의학도 신분으로 떠난 7개월간의 라틴아메리카 여행이 그의 삶을 완전히 바꾸어놓았지. 그는 거창한 목적을 가지고 여행을 떠난 것이 아니었다네. 고국인 아르헨티나 너머의 세계에 대한 호기심과 모험의 열정에 이끌려 친구인 알베르토 그라나도와 함께 중고 오토바이를 타고 여행길에 올랐지. 하지만 여행을 하고 난 후에는 삶의 가치관과 세계관이 완전히 바뀌었네. 그는 이 여행에 대해 기록한 《모터사이클 다이어리(The Motorcycle Diaries)》에서 다음과 같이 말했다네.

> (여행에서 돌아와) 아르헨티나 땅에 다시 발을 디디는 순간, 이 글을 쓴 사람은 사라지고 없었다. 이 글을 다시 구성하며 다듬는 나는 더 이상 예전의 내가 아니다. '우리의 위대한 라틴아메리카 대륙'을 방랑하는 동안 나는 생각보다 많이 변했다. 그 깊이는 내가 생각하는 정도를 넘어서는 것이었다.

체 게바라가 여행을 통해 본 것은 무엇이었을까? 무엇이 과거의 그를 사라지게 했을까? 그는 우연히 칠레의 한 노동자 부부와 하룻밤을 보내게 되면서 이곳 사람들의 현실을 체험하게 되었다네. 그는 추운 밤 담요 한 장 없이 부둥켜안고 자는 노동자 부부에게 하나뿐인 이불을 건네주었지. 그는 당시 경험에 대해 이렇게 말했다네.

"그것은 내가 겪은 가장 추웠던 경험 가운데 하나였지만 낯선 이 인류에게 좀 더 다가간 느낌을 갖게 해준 경험이기도 했다."

체 게바라는 그 여행에서 이런 장면들과 무수히 마주치면서 의사도 성직자도 아닌 혁명가로서 길을 택하게 되었던 것이네. 잘 생각해보게. 사건의 크기가 아니라 그 사건을 통해 전해지는 깨달음의 크기가 인생을 바꾸는 것이라네. 사건을 해석하는 힘을 키우고, 그 내면의 목소리에 귀를 기울이게. 우주가 천둥처럼 전하는 그 목소리를 놓치지 말게. 자네라면 내 이야기가 현실성이 결여된 이상주의자의 근거 없는 믿음이라고 여기지 않으리라 믿네.

1986년 옥스퍼드 대학의 우주학자인 존 배로와 프랭크 티플러는《인류학적 우주론 원리(The Anthropic Cosmological Principle)》라는 멋진 책을 쓰게 되었다네. 그 책 속에는 지구상의 생명체의 운명은 우주의 생명과 본질적으로 연결되어 있다고 주장하는 내용이 담겨 있다네. 우리 속에 우주가 들어 있다는 말은 전혀 우스운 말이 아니라네. 카를 구스타프 융의 말을 기억하게.

꽃봉오리가 열리고 보잘것없는 것으로부터 위대한 것이 태어나는 인생의 정점에서, 하나는 둘이 된다. 늘 우리의 내부에 존재했지만 보이지 않았던 이 위대한 모습은 대 각성을 촉구하며 지금까지의 내게 정면으로 맞서 떨쳐 일어난다.

젊음은 젊음으로 인생에 기여한다네. 너무도 쉽게 늙지 말게. 위대한 것이 그대의 가슴속에서 자라나는 것을 받아들이고, 우주와 공명하며 자신에게 맡겨진 '그 일'을 반드시 해내게.

추신: 참, 그대가 새벽에 서울에 도착할 나를 위해 봉투에 넣어둔 삼만 원에 대하여 잠시 말해두어야겠네. 팔천오백 원으로 우산을 샀네. 그리고 한참 걷고 있는 내 앞에 택시가 한 대 섰다네. 나는 택시 기사 분에게 고마움의 표시로 만 원을 드렸네. 그래서 만 천오백 원이 남았네. 부산 강연은 경제적으로도 좀 남는 비즈니스였다네. 고맙네.

TOLMIN

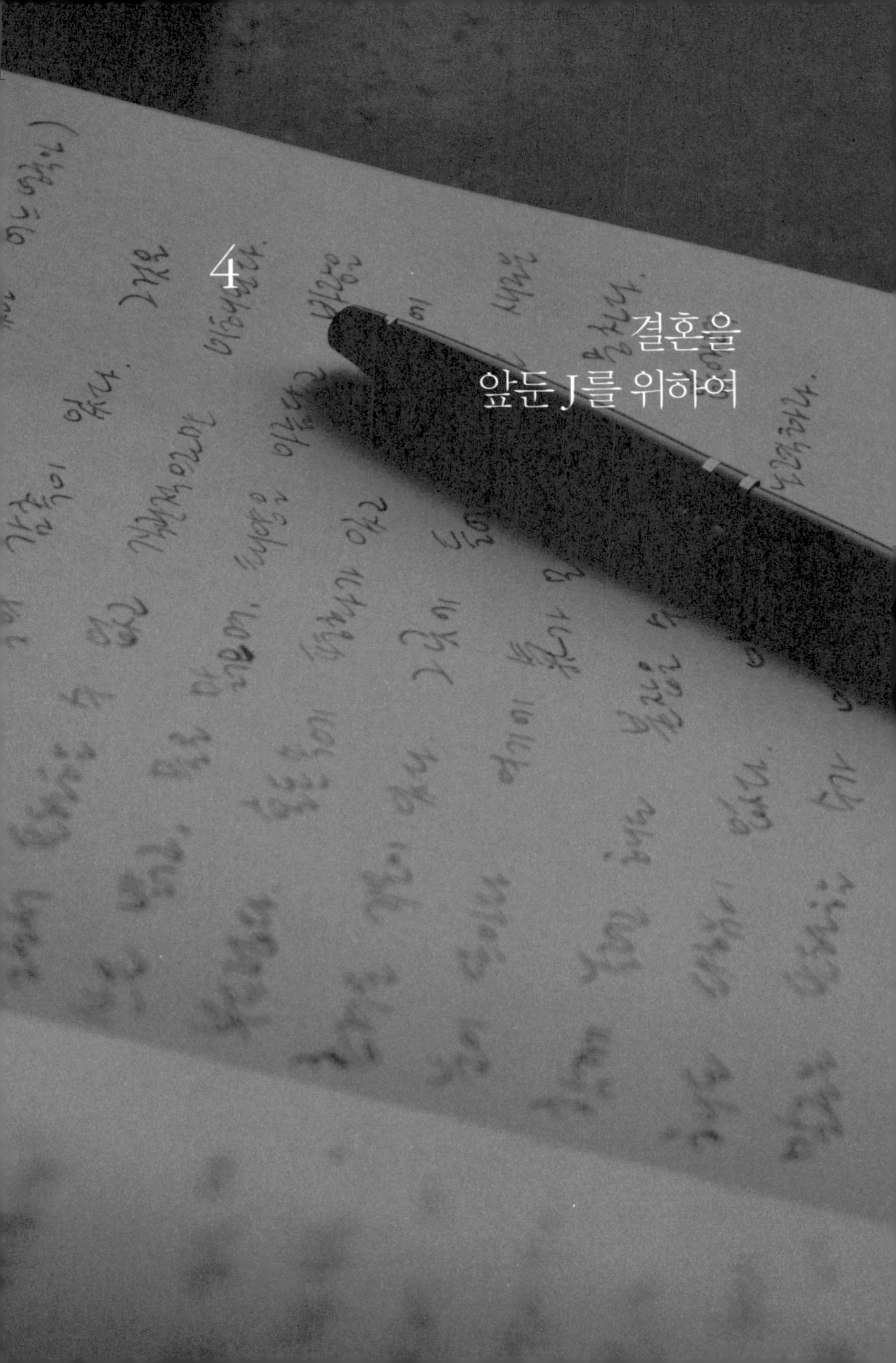

4

결혼을 앞둔 J를 위하여

아침 첫 순간, 아무것도 아닌 것이 위대한 것으로 피어났다네. 어제만 해도 그저 봉오리에 지나지 않았는데, 밤새 달빛과 별빛 속에서도 조금씩 자라더니 해가 떠오르자 마침내 꽃을 피웠다네. 봄이 시작되었네. 봄은 꽃으로 시작하네. 시작하자마자 끝나는 계절이 바로 봄이지. 봄의 끝자락보다 더 덧없는 것은 없다네. 그러나 봄의 아름다움은 바로 그 단명한 아쉬움에 있다네.

인간의 삶은 슬프다네, 그 단명함 때문에. 청춘인가 했더니 벌써 내 귀밑머리는 속절없이 희어졌네. 하루가 저무는 속도가 화살 같고, 일 년이 촌음 같아, 결국 오늘이 마지막인 듯 살아야만 가장 잘 사는 것이라는 걸 깨닫게 되네.

오늘 죽을 것처럼 살아보자 하니 사람을 사랑하는 것보다 더 좋은 것이 없어 보이네. 사랑하라, 사랑할 수 있을 때까지. 이 말이 얼마나 좋은가! 지는 꽃이 추하다는 것은 그 꽃이 아름다웠기 때문일 것이니, 아름다울 때 마음껏 사랑하는 것이 사는 법인가 하네.

자네의 편지를 받았네. 자네는 그 편지에 이렇게 썼더군.

선생님!

예전에 선생님께 결혼이 망설여진다고 말씀드렸습니다. 새로운 가족을 제 생활의 일부로 다시 받아들여야 한다는 것이 두렵고, 다시 잘할 수 있을까, 또 다른 상처를 받지는 않을까, 차라리 혼자 사는 것이 상처를 주고받지 않고 더 재미있게 사는 것은 아닐까…….

그런 이유에서였습니다.

소풍이 끝나고, 제가 선생님이 꽃 머리띠를 하고 계신 사진을 올렸는데 선생님께서 덧붙인 글로 해주신 말씀이 있었습니다.

"사진 참 좋다. 내가 그때 행복했구나. 양수 딸 소미가 토끼풀로 만들어준 꽃띠가 죽이는구나. 그놈 부리부리한 눈도 생각나는구나. 골대 앞에서 공에 머리를 가져다 대기 위해 그림같이 몸을 날리던 그 순간, 떨어져 잠시 못 일어나더니 그때 다쳤나보구나. 아직 젊으니 뼈 진이 잘 나와, 잘 붙어 금 가기 전보다 단단해질 것이다.

모든 상처는 인생의 약이 되나니, 상처 받는 것을 두려워하지 마라. 꽃이 온 들판에 가득할 때, 커다란 모자를 쓰고, 반바지를 입고, 그 환한 들판을 쏘다닐 때조차, 다리엔 온통 억새가 만들어낸 크고 작은 상처로 따갑다. 가장 아름답고 즐거운 때조차, 그 순간을 지나는 상흔과 자취가 남는 것이니, 아픔을 두려워하지 마라. 그것이 살아 있음이니. (사진 속의 내가 웃고 있다.) 무엇이 저리 좋았을까?"

그때 축구하다가 다쳤다는 말을 해서 상처에 대한 이야기를 하셨을 수도 있지만, 전 그게 다친 상처 때문이 아니라 제가 드린 결혼에 대한 이야기 때문에 하신 말씀이라고 생각했어요.

저를 선택한 제 반려자는 선생님의 이 말씀을 듣지 않았는데도 상처 받을 것을 두려워하지 않고 저를 선택했습니다. 그 용기에 저는 부끄러워졌습니다. 2년 반의 시간을 같이 보내면서 계속 저를 잡아준 그 친구 때문에 예전의 상처를 정면으로 바라볼 수 있게 되었고, 진정 살아 있는 삶을 같이 보내고 싶다는 용기를 가지게 되었습니다.

이 편지는 지금까지 이 봄에 들은 가장 유쾌하고 기분 좋은 소식들 중 하나였다네. 마치 어느 날 아침잠에서 깨어 창문을 열었을 때, 창가에 서 문득 활짝 핀 꽃 한 송이를 발견한 것과

같았다네. 아무것도 아닌 것조차 그렇게 예쁠 수 있으니, 그것은 신의 손길이 분명할 것이네. 축하하네. 그대의 삶이 예쁘고 고우리라는 것을 믿고 있다네.

5월에 결혼하는 그대들을 축하하며, 먼저 결혼하여 살아가는 선배의 한마디가 없을 수 없으니 즐겁게 들어주게.

인간이 무엇인지는 참 말하기 어렵다네. 그러나 단순화시켜 말해보겠네. 인간은 결국 두 가지 종류로 대별된다고 생각하네. 한 종류의 인간은 실재적이고 본능적인 동물적 인간이라네. 이 부류에 대해서는 설명할 필요가 없이 자명할 것이네. 그리고 또 한 부류는 '신성한 잉여의 아름다움'이라는 유혹에 민감한 인간적인 인간이라네. 인간적이라고 부르는 이유는 이런 정신적 관심과 욕구가 다른 동물들에게는 없고 오직 인간에게만 있기 때문이네.

'신성한 잉여의 아름다움(devinely superfluous beauty)'은 미국 캘리포니아의 시인 로빈슨 제퍼스가 쓴 표현이라네. 이 말은 아주 멋지지. 이 말이 무슨 뜻인지 내 식으로 설명해보겠네. 나는 며칠간 비가 억수로 퍼 내린 후에 산에 가는 것을 즐긴다네. 평소에는 작은 계류로 흐르지만 폭우가 지난 다음에는 계곡마다 물이 넘치고, 큰 바위가 듬성듬성 서 있는 웅덩이에는 시퍼런 물이 고여 하루 종일 산행에서 흘린 땀을 씻어내기 십상이라네. 그 신비하고 차고 두려운 푸른 물을 장마 후 며칠 동안 즐길 수 있기 때문에 나는 비 온 뒤 산행을 즐기게 된다네.

자연은 실용적이지 않아. 자연은 넘쳐흐른다네. 그때 장관을 이루게 되지. 역설적이게도 필요를 넘어서는 잉여, 그것이 바로 문화라고 생각하네. 자연과 문화는 반대되는 것 같지만, 인간의 정신세계에 가장 큰 영향을 준 태초의 스승은 바로 자연이었다네. 인간은 실제 필요에 충실한 동물적 인간성과 잉여의 신성한 아름다움을 즐길 줄 아는 문화적이고 정신적인 인간성을 한 몸 안에 모두 가지고 있다네. 한쪽 성향이 지나치게 편중되어 나타나는 경우가 태반이지만, 이 둘은 한 몸 속의 두 가지 속성이라네. 결혼은 이 두 가지 속성이 생활의 공간에서 적나라하게 부딪치고 조화하는 삶의 현장이라고 생각하네. 그러니 나는 두 가지를 당부하고 싶네.

하나는 싸움을 잘하라는 것이네. 부딪치지 않고는 조화할 수 없다네. 두 물결이 만나면 파도가 만들어지고, 두 손바닥이 마주치면 소리가 난다네. 바로 이것이 두 존재가 함께 존재하는 방식이라네. 하나가 늘 피하고 양보하고 눌러두면, 다른 사람에게는 편할지 몰라도 참는 사람에게는 질곡과 억압이지 않겠는가? 그것은 진정한 관계가 아니라네. 결혼이 아니라네. 그러니 하나의 사건을 놓고도 견해가 다르고 느낌이 다를 수밖에 없는 그 차이를 받아들이면서 서로 잘 어울리기 위해서는 창조적 불

화가 있어야 한다는 것이 내 생각이네.

나는 이 불협화음을 튜닝이라고 부른다네. 서로가 서로에게 하나의 악기가 되는 것이네. 악기는 한 번 튜닝을 한다고 평생 쓸 수 있는 것이 아니지. 연주가 있을 때마다 늘 다시 튜닝을 하여 쓰는 것이네. 크고 작은 사건들이 생길 때마다, 마치 연주자가 튜닝을 하듯 서로의 감정과 생각을 조율하도록 하시게. 그렇게 해서 점점 서로의 악기가 되어가는 것이 나는 관계라고 생각하네. 많이 싸우시게. 그러나 악기를 거칠게 다루어서는 안 되네. 그것이 튜닝이라는 것을 잊지 말게. 결혼은 '관계라는 제단에 자신을 헌신하는 것'임을 늘 기억해주기 바라네.

또 하나는 결혼을 통해 서로 성장해야 한다는 것이네. 종종 결혼을 자유의 억압과 축소로 오해하는 경우가 있다네. 하고 싶은 것을 참아야 하고, 책임과 의무로 양 어깨를 누르는 참담함으로 여겨지는 경우도 많다네. 그래서 시니컬한 사람들은 결혼한 신혼부부에게 "무덤에 온 것을 환영한다."라고 말하기도 한다네. 그러나 사랑은 상대를 축소시키는 것이 아니라네. 사랑은 상대방을 꽃피게 하는 것이라네. 결혼이 곧 사랑은 아니지만 사랑이 없이는 절대 이루어질 수 없는 것이 결혼이라네. 혼자 할 수 없는 일을 함께 해내는 것이라네. 상대방이 그 사람의 길을 가도록 도와주는 가장 훌륭한 스폰서가 되어주는 것이라네. 튜닝의 과정을 거친 후 비로소 그 악기는 연주할 준비가 되어 있으니 훌륭함은 그때 만들어진다네. 연주되지 않는 악기, 그게 무슨 의미가 있겠는가? 그러니 훌륭한 연주를 할 수 있도록 서로 도와주어야 한다는 것이네.

자신이 만일 하나의 악기라면 어떤 악기이고 싶은지 상상해보게. 어떤 음색, 어떤 방식으로 연주되는 악기인지 생각해보게. 그리고 상대가 어떤 악기인지 추측해보게. 그리고 어떤 악보에 따라 어떻게 서로 연주할 때 최고의 연주가 될 수 있는지 서로 잘 튜닝하고 연습하고 끝없이 연주하게. 그대들 두 사람의 삶을 지켜보는 우리는 음악회에 온 청중이네. 우리를 아름다운 선율로 감동을 주게. 그리하여 '브라보'라고 외치게 해주게.

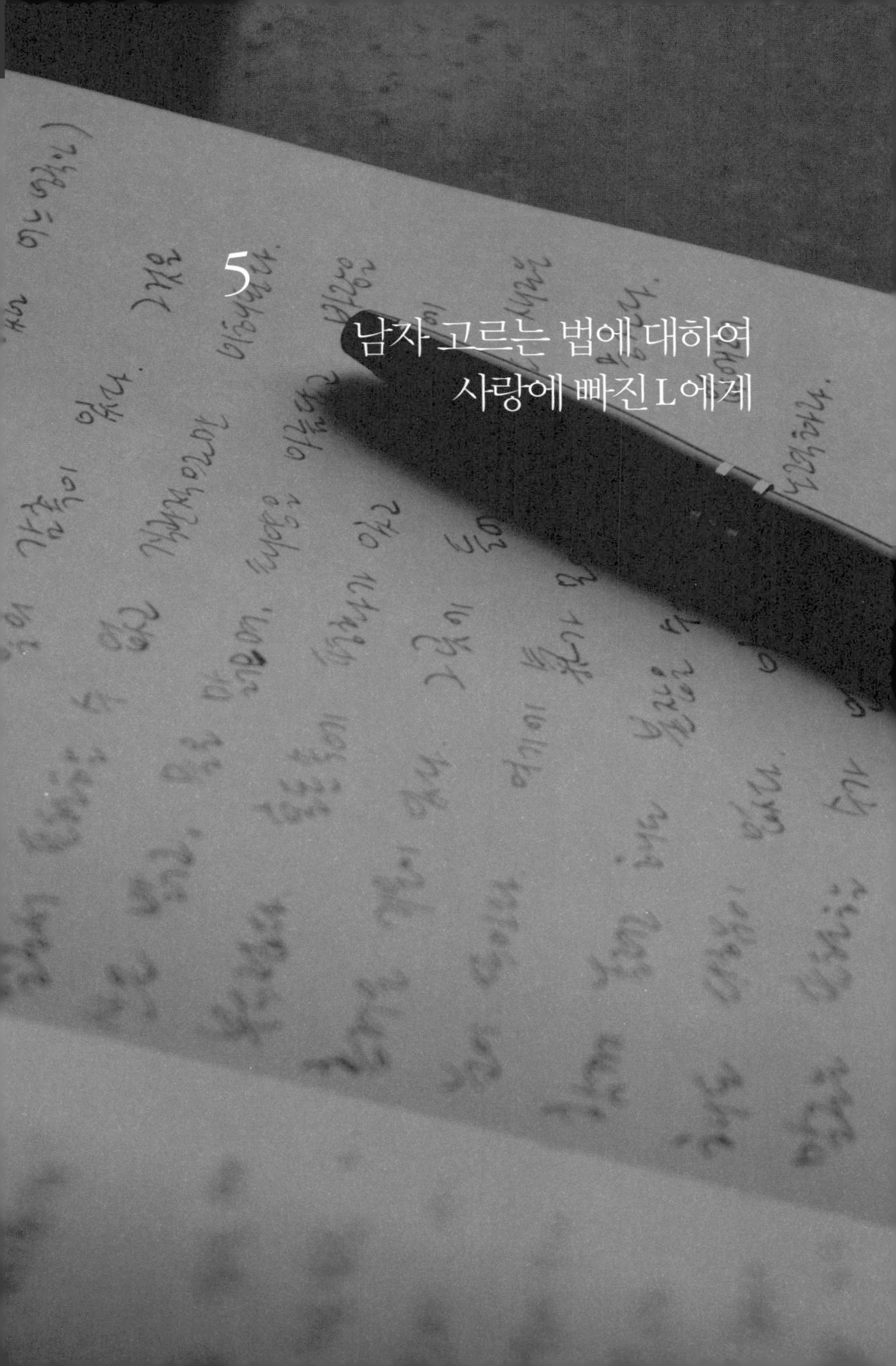

5

남자 고르는 법에 대하여
사랑에 빠진 L에게

그래, 사랑이 너를 괴롭히는구나. 모든 기쁨이 눈물이 되는구나. 그조차 감미롭구나. 젊은 사랑은 '내려칠 장소를 찾는 벼락' 같은 것이니, 너무도 성급하고 갑작스럽게 찾아온 뒤 또 그렇게 사라져간다. 줄리엣은 이 사랑의 갑작스러움에 대하여 이렇게 말했지.

"번개를 닮았어요. '번개가 친다.'고 말하기도 전에 사라져버리는 번개 말이에요."

로미오와 줄리엣의 그 사랑은 7월 더운 여름의 나흘 동안 벌어진 일에 불과했으니, 모든 것이 갑작스러웠지. 모든 사랑은 그렇게 어느 날 느닷없이 찾아오는 것이다. 심지어 몇 년을 친구처럼 지내던 사람들 사이에서도 어느 날 고목에 꽃이 피듯, 느닷없는 새로운 감정이 꽃필 수 있다.

어떤 조건에서든, 마치 그것이 오래전부터 서서히 존재해왔다는 생각이 들 때조차, 사랑은 소나기처럼 찾아온다. 순식간에 마음을 점령하고, 짧은 기쁨으로 가득한 밀월의 시기를 지나간다. 그리고 이내 깨닫게 된다. 사랑은 '한숨의 기운으로 만들어진 연기'이며, 동시에 '너무도 거칠고 난폭하여 가시처럼 콕콕 찌르기도 하는' 감정의 폭풍이라는 것을 말이다.

이 세상에는 매우 많은 사랑이 있다. 사람마다 하나의 사랑쯤은 가지고 있고, 몇 개를 가진 사람도 제법 된다. 나이 어린 소녀나 소년들의 풋사랑은 대부분 그 대상을 사랑한 것이 아니라 사랑하는 것 자체를 사랑한 경험으로 남을 때가 많다. 그래서 실제의 사랑과 머릿속의 사랑이 늘 섞이게 마련이다.

나이가 많은 부모들은 사랑조차 세상을 사는 지혜의 범위 속에 가두어두려고 한다. 어머니들은, 사람은 사랑으로만 살아지는 것이 아니므로 좋은 남자란 육체를 건사할 돈도 있고 세속적 능력도 있어야 한다고 늘 딸들에게 말한다. 대체로 아버지들은 딸의 사랑이 분별 있고 정숙하기를 바란다.

사랑은 절대 '쿨'할 수 없건만, 종종 쿨한 사랑이 존재하는 줄 안다. 상처 없이 헤어지기를 바라는 사랑은 사랑조차 아니건만, 사람들은 기쁨의 반대편에 서 있는 어두운 사랑의 반을 두려워한다.

네게 여기까지 편지를 쓰다 말고, 나는 이쯤에서 사랑에 대한 이야기를 그만두어야겠다고 생각했다. 사랑은 늘 말할 수 없는 것을 말하려 하는 잘못을 범하기 때문이다. 그래서 그저 가벼운 마음으로 오랜 선배로서 남자 고르는 법이나 몇 가지 들려주려 고 한다. 사랑이 지혜일 수는 없는 것이니, 사랑에 빠져들기 전에, 아직 정신이 온전할 때 참고해두면 좋겠다. 네가 일단 사랑에 빠지면 지혜는 멀리 사라져버려, 그때는 이미 어떤 조언도 필요 없을 테니 말이다.

남자를 고르는 첫 번째이며 절대적 기준은 '착한 놈이 좋은 놈'이라는 것이다. 약간 이상한 놈인데 착하다면 그것은 나쁘지 않다. 특별하다는 뜻이니까. 착하다는 것은 일종의 지능이다. 지능은 타고난 것이지. 그러니 그건 그냥 느껴지기도 하지만 검증이 가능한 것이기도 하다.

착한 사람은 가시적으로 자기 성찰을 할 능력을 반드시 가지고 있다. 이는 자신을 탐험하는 힘이다. 내면 탐험을 통해 자신의 느낌과 생각을 알아내고, 자신의 심리와 정서를 파악하며, 행동이 적절한지 묻는 능력이다. 공자 식으로 말하면 "부끄러움을 아는 사람이 바로 군자"라는 말과 같다. 예수도 십자가 위에서 죽어가면서 비슷한 말을 했다는 것을 알고 있지?

"저들을 용서하소서. 자신들이 하는 짓을 알지 못하나이다."

악은 바로 자기 성찰이 부족한 곳에서 생겨난다. 그러니 착한 사람이 손해를 보고, 세상 물정에 어두우며, 바보이고, 세상 살기에 적합하지 않다고 여기는 것은 본말이 전도된 소견일 뿐이다. 착한 사람들이야말로 자기 식으로 세상을 살아갈 수 있는 힘을 가진 사람이라고 할 수 있다. 그러니 이것이 가장 중요한 선택 기준이 되어야 한다는 것이 내 생각이다.

남자를 고르는 두 번째 기준은 당연히 '가슴이 따뜻한 훈남'이다. 내가 보기에, 종종 멀쩡한 여자들도 어리석은 유혹에 쉽게 빠지는 경향이 있다. 그건 아마 '나쁜 남자 증후군'이라고 불러도 좋을 것이다. 차가운 인간에게서 날카로운 지성의 힘을 느끼기도 하고, 폭력적인 남자를 증오하고 두려워하면서도 빠져들며, 이기적인 사내에게서 강력한 카리스마를 느끼기도 한다.

그것은 악어를 타고 강을 건너는 사람처럼 위태롭고, 전갈을 등에 태운 개구리처럼 불운한 운명으로 끝나고 말 것이다. 이런 부류의 남자들은 '사나이다움'에 대한 강박관념에 억눌려 있다. 이들에게 사랑은 쟁취이고, 여자는 전리품이며, 섹스는 겁탈과 다를 바 없다. 결혼조차 합법적 겁탈이다. 부드러움은 사나이다움의 금물이며, 여자에게 봉사하고 희생한다는 것은 굴욕이다. 사나이다움이라는 유치한 발상은 그들로 하여금 거침과 폭력, 오만과 허풍에 경도되게 한다. 따라서 그들은 오직 힘과 권위에만 굴복한다.

열정은 우리를 예속시킨다. 자발적 족쇄를 우리 마음에 채우는 것이다. 가장 순수하고 강도 높은 열정이 바로 사랑이다. '나쁜 남자'들은 이 자발적 열정에 예속되기를 거부함으로써 다른 사람을 사랑할 능력이 없음을 증명한다. 다른 사람의 감정을 이해하고 배려하며 소중하게 여기는 힘이 결여되어 있는 것이다.

인류 역사에서 가장 남성적인 힘이 지배하던 시대가 바로 로마 시대였다. 그 시대에는 남성다움이 미덕이었다. 사랑은 여성에게 의존하는 것이므로 남자의 위신을 떨어뜨리는 것이었다. 남자의 지배력을 감퇴시키는 나쁜 속성, 그것이 바로 사랑이었다. 당시 가장 재기발랄하고 경박한 시인이었던 오비디우스는 《사랑의 기교(Ars Anatoria)》에서 로마 식 사랑이 무엇인지 적나라하게 보여주었다.

사랑은 전쟁 같은 것, 겁쟁이에게는 돌아갈 몫이 없다.

………

(아내나 애인 이외의 다른 여자를 사귀다)

그대가 아무리 잘 감추었다 하더라도 혹시 발각되는 날이면,

명명백백히 드러나더라도 결단코 아니라고 맹세하라.

지나치게 비굴하게도, 지나치게 상냥하게도 굴지 마라.

그대의 유죄를 인정하는 셈이니까,

필요하다면 그녀의 침대에서 그대 몸이 완전히 지칠 때까지 움직여

입증하라. 다른 여자와 지내고 왔다면
그대가 그처럼 강하지 못하리라는 것을.

신기한 것은 이 시대 여인들은 역사상 가장 사치스러웠다는 것이다. 상류층의 여인들은 머리 손질과 화장, 그리고 의상에 어울리는 액세서리를 고르느라 오전 시간을 다 보냈다. 점심을 먹은 후에는 쇼핑을 하고, 얼굴을 다시 매만지며 만찬회장에 갈 준비를 했다. 치장하는 것은 광고하는 것이며, 자신을 가장 매력적인 상품으로 보이고자 하는 표현이었다.

사나이다움이 미덕과 가치였던 남성 사회에서 열등한 존재에 불과했던 여인들은 자신의 외모에 지나친 강박 의식을 가지고 있었다. 그들은 매력적인 전리품이 되고 싶었는지도 모른다. 그러니 따뜻함을 미덕으로 여기고, 스스로 열정에 예속되어 사랑을 사랑으로 소중하게 여기는 남자를 고르지 못하면, 여인은 인형과 노예의 역할을 맡아야 한다. 그러니 경계해야 할 일이 아니겠느냐?

남자를 고르는 마지막 기준은 자신의 재능으로 먹고살 수 있는 남자이다. 사람이 가장 아름다운 때는 자기다울 때다. 잘 맞는 일에 몰입하고 있을 때 사람은 아름답다. 가수가 노래할 때, 춤꾼이 춤출 때, 화가가 그림을 그리고 작가가 그 글에 빠져 있을 때, 우리는 그 사람이 가장 멋진 최고의 풍광 속에 놓여 있다는 것을 알게 된다. 아직 젊기에 충분히 꽃피지는 못했다 하더라도, 자신의 재능이 무엇인지 알고 그 일로 성공하기 위해 잘 준비하는 남자라면, 그 분야가 무엇이든 이미 충분히 매력적이다.

일단 시작되면, 사랑의 운명이 어찌 풀려 나갈지는 아무도 모른다. 사랑은 사랑의 길을 갈 것이다. 결혼이 사랑의 해피엔드인지 아닌지는 잘 모르겠구나. 많은 동화와 이야기들이 "그들은 사랑했고, 그리하여 결혼했다네."라고 말하지만, 헤어졌으나 가슴 먹먹하게 아름다운 사랑 또한 많지 않더냐? 그러니 사랑은 그 자체로 우리가 마음에 품어야 할 촛불이고, 몸을 녹여줄 따뜻한 난로일 게다.

그 사랑이 사랑이려면 둘이 잘 어울려야 한다. 어울림은 다양한 것이니 같은 색의 어울림도 있고, 보색의 어울림도 있을 것이다. 이제 마지막으로 이 '어울림'이라는 중요한 개념에 대하여 간단히 말해보아야겠다.

잘 어울린다는 것은 무슨 뜻일까? 음이 어울려 음악이 되고, 색이 어울려 그림이 되고, 글이 어울려 책이 되는 것이다. 그래, 그렇다. 사람이 어울려 사랑이 되는 것이다. 그 사랑이 아름답다고 여겨지려면 같이 있을 때가 홀로 있을 때보다 더 고와야 한다. 그러니 그 사람과 함께 있으면 내가 더 좋은 사람이 된 듯 여겨질 때 그 사랑은 빛나는 것이다.

그러니 늘 생각해라. 홀로 있을 때는 작아 보이다가도, 그와 같이 있으면 그로 인해 내가 크게 돋보이고 그 또한 그러하다면, 그 사랑은 잘 어울려 행복한 사랑이다. 그럴 때는 그 사랑을 믿고 따르도록 해라.

서로 사랑하지 않고 아름다운 사랑이 될 수는 없다. 부디 남자를 잘 고르도록 해라. 마음의 목소리를 들을 줄 알고, 너를 자신보다 아껴 사랑이 빛나게 하며, 스스로 가장 잘하는 것으로 유혹할 수 있는 남자는 사귀어 깊이 빠질 만하다. 그 외의 것들은 다 허상이다. 있으면 좋은 것들이나 그것에 기대지 마라. 허당이다. 기대는 순간 무너져내려 쓰러지게 될 것이다.

인생의 중반을 지나며 가장 소중한 것이 사랑임을 알게 되었다. 사랑하는 능력이야말로 최고의 축복임을 알게 되었다. 너는 좋은 젊은이다. 자신을 스스로 돌아볼 줄 알고, 마음이 따뜻해 상대를 소중히 여기며, 재능을 다해 살고 싶은 대로 살아보려고 하는 아름다운 사람이다.

너는 가장 소중한 가치 세 가지를 다 갖추고 있다. 다만 이제 용기만 내면 된다. 세상이 만들어주는 대로 살지 마라. 재미없다. 너로 인해 세상의 한 조각이 기뻐하게 해라. 그러니 네게 걸맞은 사람을 만나면 그를 기쁘게 만들어라. 잘 어울릴 것이다. 어울리지 않고 아름다운 것이 있더냐? 잘 만나 아껴라. 지극한 사랑이 아름다운 것이니, 봄이 꽃을 그리워하듯, 그리 살아라.

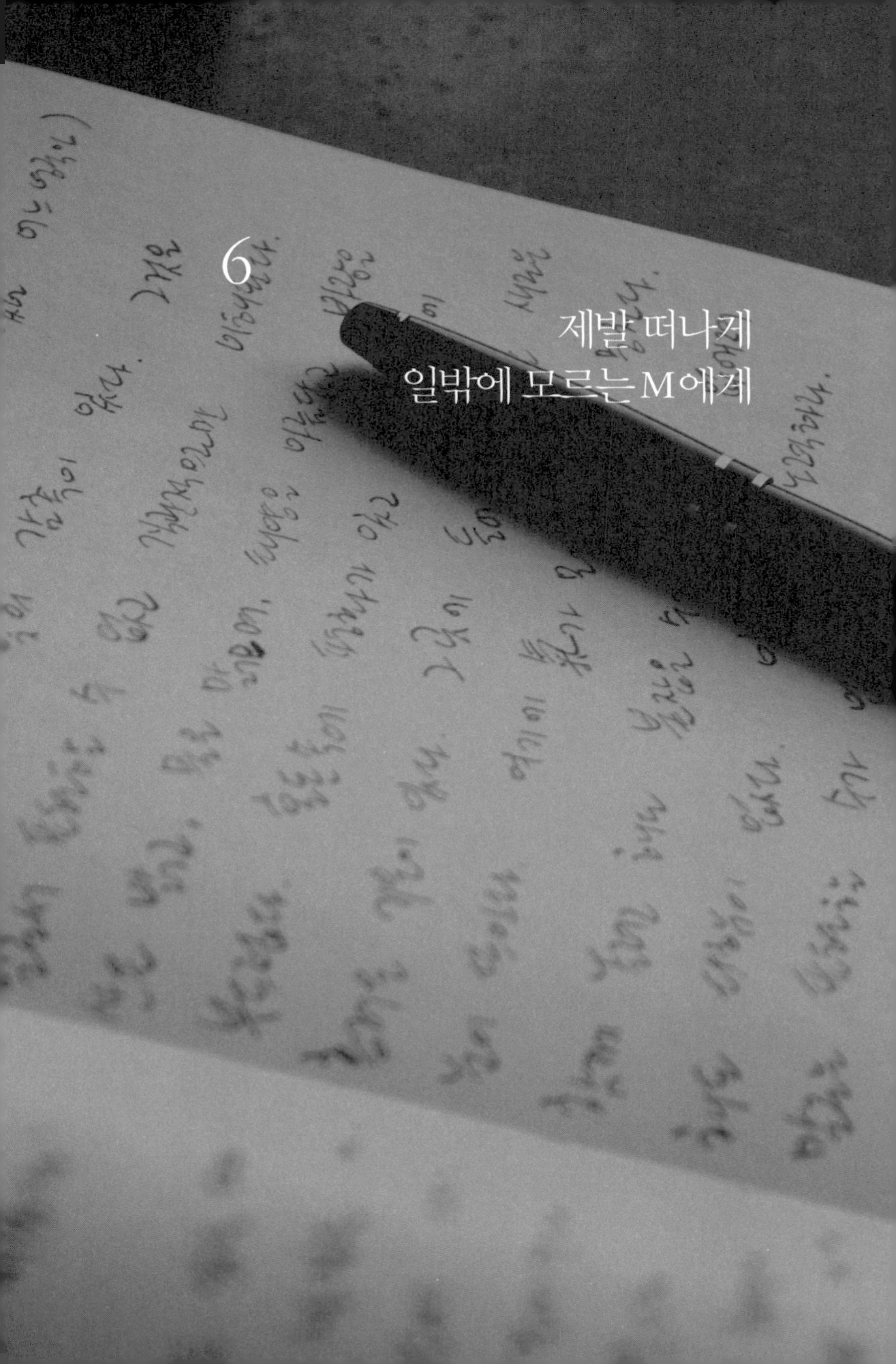

6

제발 떠나게
일밖에 모르는 M에게

그렇게 차이가 날 줄 몰랐네. 그건 인생에 대해 완전히 다른 태도였어. 여름 날 오후 3시경, 싱가포르의 공항에 내려 버스를 타러 가는데 마침 스콜이 세차게 내리기 시작했네. 그 시원한 비 맛은 내가 일상과는 전혀 다른 공간에 있다는 것을 실감하게 해주었지.

그때 나는 바로 그 공항에서 세 종류의 여행객들을 만나게 되었다네. 한 종류의 여행객은 나이가 들어 퇴직을 하고 여행을 나섬직한 초로의 부부였지. 사실 '초로'라고 하기에는 지나치게 젊은 50대 중반 정도의 나이로 보였네. 그들은 한 손에 하나씩 커다란 가방을 끌고 있었는데, 주저하지 않고 호텔로 가는 버스를 타는 곳으로 가더군. 얼굴에는 오랜 시간의 비행이 준 피로를 잔뜩 묻히고 말이야.

그런데 또 한 그룹의 여행자들은 전혀 달랐다네. 그들은 20대의 청년 둘이었지. 등에 배낭을 멘 두 사람은 열심히 지도를 보고 있었어. 오후 3시의 이국땅은 흥미진진한 탐험 대상이라도 되는 듯이, 피곤을 모르는 호기심으로 당장 가봐야 할 그곳으로 달려가기 위하여 서두르고 있었다네. 그리고 또 다른 여행객인 나, 25년 전 나는 비즈니스로 바로 그 자리에 서 있었던 것이지.

출장과 여행은 현격히 다르다네. 같은 비행기, 같은 공간을 점유하고 함께 같은 곳에 도착하지만 출장을 가는 사람은 여행객이 아니라네. 그 마음은 새로운 것을 즐길 만큼 열려 있지 않다네. 내 돈 한 푼 쓰지 않는 여행이지만 공짜에 제대로 된 것 하나 없듯이 출장은 여행이 아니라네. 나를 마음대로 쓸 수 있는 자유가 없기 때문이네. 나의 일정은 이미 짜여 있고, 나의 시간은 이미 하나의 공간에 갇혀 있기 때문에, 그것은 여행이 아니라 그저 비즈니스의 연장에 불과한 것이었다네.

그러니 나는 출장으로 여러 번 싱가포르에 가보았지만 한 번도 그곳을 제대로 본 것이 아니었다네. 겨우 몇 개의 호텔과 몇 개의 식당, 그리고 몇 개의 쇼핑몰을 기억할 뿐이네. 그저 수영장이 좋은 근사한 호텔에서 며칠 묵다 일이 끝나는 대로 다시 서울로 돌아갈 생각이었네. 몇 번의 아침과 저녁 수영, 그리고 몇 차례 그곳 파트너들과의 저녁 식사, 그중에 한두 번은 '점보'나 다른 식당에서 칠리 크랩을 먹게 되겠지. 이게 내가 출장에

건 유일한 기대였다네. 물론 일과 관련된 크고 작은 복잡한 생각을 제외하고 말이네.

정말 나를 놀라게 하여 여행에 대한 인식을 송두리째 바꾸게 만든 것은 바로 그 초로의 부부였다네. 사회가 주는 의무와 책임을 마치고, 퇴직 후 오래 미루어둔 여행을 시작하는 것은 모든 퇴직자의 즐거운 미래 계획이지만, 그때는 이미 진정한 여행을 할 수 없다는 것을 알게 되었기 때문이네. 왜냐하면 그때는 이미 육체가 모험을 거부하기 때문이네. 정신 역시 새로운 공간에 열광하고 도취하며 삼빡하게 반응하는 쾌감을 잃었을 가능성이 높기 때문이라네.

여행의 맛은 육체를 마음대로 굴릴 수 있어야 그 맛을 십분 향유할 수 있다네. 몇 시간의 여정에 피곤함을 느끼고, 시차 적응 때문에 며칠간의 숙면을 희생한 것에 대해 불편해하며, 깨끗한 호텔을 선호하게 되는 순간, 우리는 모험의 정신을 잃어버린 여행을 할 수밖에 없는 것이네.

나는 한 공간에서 이루어진 이 극명한 태도의 차이에 대하여 놀라기도 하고 재미있어했네. 그리고 바로 그때 거창하지만 내 여행관의 바탕이 만들어졌지. 한마디로 여행이란 젊디젊은 뛰는 흥분으로, 새로운 공간으로 자신이 확장되어가는 짜릿함을 즐겨야 한다고 말하고 싶네. 장황하게 이야기했지만, 내 요지는 이번 여름에는 적당히 휴가를 써 넘기지 말고, 한번 마음잡고 제대로 된 여행과 휴식을 즐겨보라는 권유라네.

자네는 모든 것을 뒤로 미루는 못된 버릇이 있네. 마치 인생의 끝에 모든 즐거움이 기다리고 있기나 한 것처럼 말이네. 그러나 거기에는 아무것도 없다네. 늙고 병약하고 죽음을 두려워하는 주글주글한 육체 외에는 말이네. 내가 너무 심하다고 생각하나? 천만에, 나는 더 심하게 말할 수도 있다네. 그러나 오해는 하지 말게. 젊어서는 돈을 벌기 위해 젊음을 쓰고, 나이 들어서는 젊음을 되찾기 위해 돈을 쓰는 바보 같은 짓을 하지 말라는 뜻이네. 그때그때 미루지 말고, 그때의 정신으로, 그 순간 인생에 찾아든 기쁨을 추구하라는 말이네.

내가 보기에 자네는 워커홀릭이네. 일중독이란 말일세. 아니라고? 아니면 일벌레거나. 그것도 아니면 점잖게 말해 지나친 일상주의자거나. 내가 쾌락주의자냐고? 어느 정도는 그렇다네. 내 인생의 어느 순간에서건 기쁨으로 그 순간을 채우고 싶어 한다는 점에서 그렇다네. 어쨌든 여행 이야기로 다시 돌아가도록 하세.

여행은 다른 사람들 속에서 나를 만나는 것이라네. 한국이 아닌 곳에서 다르게 살고 있으나 그 생활이 나의 생활이 되어도 괜찮은 수많은 사례를 만나는 것이지. 예를 들어보겠네. 나는 오스트리아의 교외에서 버스를 타고 가다가 둥그스름한 알프스

자락을 등지고 서 있는 오래된 집을 한 채 보았네. 마침 석양이 지고 있었고, 산록은 푸르러 아주 평범한 집이지만 아름다워 보였다네. 그저 스치는 생각으로 저런 곳에 저런 집을 지어 살아도 좋겠다는 생각을 했다네. 여행을 하다보면 늘 드는 그런 생각 아닌가? 그런데 그때 갑자기 '저런 집을 좋아하는 내가 왜 아파트에서만 살아야 한다고 생각한 거지?' 하고 묻게 되었다네. (그때 우리 역시 나이 듦에 따라 아파트 평수를 넓혀가야 하는 한국의 대중 상식에 빠져 있었다네.) 내 옆자리에 앉아 그 집을 감탄의 눈으로 보고 있는 아내를 보니 그녀도 그 집에서 살고 싶어 한다는 것을 알게 되었다네. 여행에서 돌아온 우리는 더 큰 아파트로 이사 가기 위해 허리띠를 졸라매는 것은 바보 같은 짓이라는 것에 공감하고 있었다네.

나는 몇 년간 등산을 다닐 때마다 북한산 자락을 여기저기 헤맸고, 결국 세검정 근처에 집을 한 채 사게 되었다네. 우리 집에 오는 사람들은 두 번 놀란다네. 한 번은 이렇게 높은 곳에도 사람이 사는구나 하는 경이로움이고, 또 한 번은 서울 시내에 이렇게 경관이 좋은 곳이 있구나 하는 감탄이라네. 내가 아침마다 감탄과 함께 새날이 밝아오는 것을 즐길 수 있는 공간을 가지게 된 것이 순전히 여행의 덕이라면 자네는 믿겠는가? 그러나 사실이라네. 공간에 대한 새로운 의식이 그때 열렸던 것이라네.

나 역시 한때는 자네처럼 여행을 노년의 가장 훌륭한 프로젝트로 미루어두었다네. 내가 사회로부터 자유로워지고 여유가 있을 때 세계 여기저기를 천천히 거닐며 그 아름다움을 즐기리라. 그리하여 내 청춘의 바쁨과 땀에 보답하리라 생각했다네. 그러나 싱가포르 공항에서 만난 그 늙지도 젊지도 않은 부부가 내 생각을 바꾸어주었다네. "노세 노세 젊어서 노세 늙어지면 못 노나니"라는 노래를 부르는 사람들이 대부분 나이가 많은 분들이라는 사실은 슬픈 일이라네. 늙어서 놀아보니 그 놀이가 기대한 그 맛이 아니라는 것이네.

여행지란 얼마나 낭만적인 생각으로 가득한가? 나를 모르는 곳에서 전혀 일상의 내가 아닌 다른 사람이 된 듯, 정녕 살아보고 싶은 그 모습으로, 남들이 일하는 벌건 대낮의 의무로부터 벗어나 조금 튀는 옷을 입고 선글라스 속의 눈초리로 지나가는 예쁜 여인에게 미소를 던질 수 있다는 것은 얼마나 멋진 일인가? 반대로 내가 여자라면, 낯선 거리를 지나며 모르는 남자가 부는 유혹의 휘파람 소리를 즐길 수 있는 자유, 그것이 여행의 여유 아닌가? 그러니 휘파람을 불어본들 아무도 쳐다보지 않는 노땅이 되어 피곤한 몸을 이끌고 여기저기 쏘다녀본들 다리만 아프고, 처음 며칠의 감동은 그게 그것 같은 피곤으로 바뀌지 않겠는가? 그러니 올해는 제발 그럴듯한 여행을 떠나도록 하게.

나는 매년 두 번의 제법 긴 여행을 떠나게 되었다네. 매년 두 번의 여행, 내가 좋아하는 사람들과 좋아하는 곳으로 훌쩍 떠나는 한 달도 못 되는 선물을 내게 주지 못할 이유가 무엇이겠는가? 돈은 다른 곳에 쓸 돈을 아끼면 되고, 시간은 다른 곳에 쓸 시간을 안 쓰면 되는 것이라네. 중요한 것은 우선순위가 아니겠는가? 나는 여행을 내 삶을 아름답게 하는 '10개의 아름다운 풍광'으로 격상시켰다네. 그러니 매년 내 나이가 한 살씩 많아질 때, 내가 보고 들은 그들 속의 나도 조금씩 자유로워지는 듯하네.

내가 자네에게 일중독이고 일벌레라고 한 말은 용서하게. 자네는 성실한 사람이네. 자네의 반론이 들리는 듯하네. 그저 꾸꾸하게 자신의 일이나 하면 되지 무엇 하러 애써 다른 사람들 사는 것을 보러 가겠느냐고, 그저 나이가 들어 여기저기 자연의 아름다움이나 즐길 마음의 여유가 생기면 돌아다니는 것이 나이에 어울리는 현명한 처세 아니냐고, 그 반듯한 얼굴로 말하는 것이 들리는 듯하네. 그것도 맞네. 나이가 들어서는 그때에 어울리는 점잖은 여행이 있게 마련이지.

그러나 내가 지금까지 한 말은 다른 말이라는 것을 알고 있지? 다른 사람들의 삶은 나와 유리된 것이 아니라네. 그들 속에 내가 들어 있다는 것, 그 속의 나는 다른 다양한 삶을 나의 삶으로 받아들이고 싶어 한다는 것을 또한 알고 있네. 내가 해보지 못했으나, 그들이 해보고 있는 그 많은 대안적 삶들, 한국의 세계관과 전통 때문에 하기 어려운 그 일들이 다른 문화적 배경

속에서는 하지 못할 이유가 없다는 이 새로운 해방과 정신의 열림. 그것을 한 해라도 젊은 나이에 받아들여야 우리의 삶도 자유를 향한 새로운 시도를 해보지 않겠나? 그러니 그 낡은 자네에서 벗어나 50년 만에 새로운 제3의 인생을 획책해보게. 그동안 반은 학생이고 또 반은 직장인이던 그대가 올해는 터닝 포인트를 계획하는 대장정에 오르길 바라네.

배우지 않고 바꾸지 않는다면 우리는 자라지 않을 것이네. 성장정체라는 질병에 걸린 것이지. 어려서 우연히 형성된 그것이 내 인생의 모든 것을 지배하는 일관성이 되어버린다면 무슨 재미가 있겠는가? 내가 어려서부터 알아온 그대가 그대의 모든 것이라면 그대는 탐사할 매력을 잃은 별에 불과할 것이네. 올해는 휴가를 제대로 내서 정말 괜찮은 여행을 떠나도록 하게. 자네라는 별을 다면적으로 관찰할 지구상 여러 천문대를 찾아 떠나보게. 그 여행에서 돌아와 자네는 내게 감사할 것이네. 분명히 그리될 것이네.

7

생전 처음 쓰는 아버님 전 상서

생전 처음 해본다는 것은 어색한 일입니다. 지금이 그렇습니다. 신기하게도 한 번도 아버지께 편지를 써본 적이 없었습니다. 이 편지가 처음이네요. 편지는 멀리 있는 가족에게나 보내는 것이어서 그런 것은 아닙니다. 우리는 떨어져 지낸 적도 많았으니까요. 그리움이 없었을까요? 어찌하여 그리되었는지 모르겠습니다. 그러나 오늘 작고한 지 오래된 당신께 처음으로 편지를 한 통 보내기로 마음먹었습니다. 아무런 이유도 없습니다. 문득 해가 떠오르는 산을 보다 들은 생각입니다. 이제는 제 마음에 어떤 생각이 찾아오면, 가능하면 그 생각대로 실천해보려고 합니다. 그것이 인생을 즐기는 훌륭한 방법이라는 것을 알았기 때문입니다.

어디서부터 시작해야 할까요? 아버지를 회상하고 모자람을 늦게 깨달은 자식의 잘못을 절절히 호소하는 편지가 되지는 않게 하려 합니다. 그저 제 속의 아버지를 털어놓으며 소주 한잔 마시듯 그리하려 합니다. 그동안 종종 누군가 아버지에 대하여 물으면, 그저 웃으며 "한 번도 성공한 적 없는 사업을 했던 분"이라고 말하곤 합니다.

우리는 가난했지요. 그때 모두 가난했지만 우린 특별히 그랬지요. 어느 날이었습니다. 학교에 내야 할 등록금이 오래 연체되어, 담임선생님이 저를 수업 중에 집으로 돌려보냈습니다. 가방을 교실에 놓아둔 채 집에 왔지요. 집 툇마루에 앉아 있었는데, 조금 있으니 작은누나가 저와 똑같은 이유로 집으로 쫓겨 왔습니다. 우리는 나란히 툇마루에 앉아 밖을 보고 있었습니다. 그때 누나가 제게 그랬습니다.

"집에서 아버지를 가장 많이 닮은 사람은 바로 너야. 나중에 결혼해서 아이들이 이런 일을 당하지 않도록 하려면 너는 다른 사람보다 두 배는 더 노력해야 할 거야."

그때 이 말은 제게 송곳 같았습니다. 그리고 늘 가슴에서 떠나지 않았습니다. 아버지는 틀림없이 경제적으로 밝은 분은 못 되셨지요. 마음이 헙헙하고 싫은 소리를 못하시고 영악한 셈법을 할 수 없었기 때문에 늘 남 좋은 일만 한다고 어머니는 말씀하시곤 했습니다. 그래서 그랬을 겁니다. 경제적으로 무능하고 우유부단하며 야무지지 못하고 그저 사람만 좋은 분, 그게 아버지에 대한 우리 가족의 생각이었던 것 같아요. 저도 예외는 아니었습니다. 이런저런 이야기를 듣게 되고, 스스로 세상을 살며 배우고 터득한 이치로 미루어보니, 시간이 한참 지난 다음에야 우리 가족이 당신을 부당하게 평가했다는 것을 깨닫게 되었습니다.

우리는 늘 가난했지만 그런대로 화목한 집안이었습니다. 지금 생각하면 얼마나 다행스럽고 고마운지 모르겠습니다. 당신께서는 늘 늦게까지 술을 들고 들어오셨지요. 집에 들어와 큰 소리로 코를 골며 주무시곤 했지요. 어머니는 늘 그 무책임함을 미워하고 싫어하셨고요. 종종 두 분이 다투는 소리를 들었고, 우리는 모른 척했지만 대체로 어머니의 편이었습니다. 아버지는 평화주의자셨지요. 한 번도 폭력에 의존한 적이 없었으니까요. 가족을 잘 건사하지 못하는 사람이 무슨 염치로 손까지 대랴 생각할지 모르지만, 그 당시 가난한 집안일수록 가장임을 주장하고 보여주려는 아버지들의 폭력이 더 심했다는 것을 우리는 나중에서야 알게 되었습니다. 저보다 훨씬 어린 사람들도 어려서 가정 폭력의 희생자로 살았던 사람들이 꽤 많다는 것을 알게 된 다음부터는 가난했으나 신사였던 아버지에 대한 고마움이 커집니다.

사실 그 당시 집안이 가난하다는 것은 제게 그리 큰 문제가 아니었습니다. 인생은 자신의 손에 달린 것이라고 믿었기 때문입니다. 이런 낙천성도 아버지로부터 물려받았다는 것을 나중에 깨닫게 되었습니다. 당신께서는 제 진로에 대하여 한 번도 개입하신 적이 없었지요. 그건 당연히 제가 알아서 처리해야 할 일이었으니까요. 당신께서는 자식들에게 무심한 분이었는지도 모르겠습니다.

그러나 나이가 들어 아이를 키워보니 자식에게 무심한 부모가 어디 있겠나 하는 마음이 들었습니다. 그 무관심은 아마 어찌어찌 잘 풀려가겠지, 사람 사는 일이 제 마음대로 되는 것은 아니지만 제 운명대로 가는 것이니 잘 풀리겠지 하는 낙천성에서 나온 것이 아니었는지요? 그게 어쩌면 되는 일 하나 없는 그 때 그 세상을 산 아버지가 어려운 세월을 견딘 철학은 아니었는지요?

사실 저는 어렴풋이 당신께서 자식들에게 무관심한 분이 아니었다는 확증을 가지고 있었습니다. 아주 어려서, 아마 초등학교 2학년쯤 되지 않았을까 싶은 때였던 것 같습니다. 학교에서 일찍 돌아와 실컷 놀다가 그날따라 일찍 쓰러져 자고 있었습니다. 제 머리맡에서 어머니와 아버지 두 분이 조곤조곤 이야기를 나누고 계셨지요. 어머니는 제 머리를 쓰다듬어주셨는데, 저는 두 분의 이야기를 잠결에 듣게 되었습니다. 어머니가 그러셨지요.

"이 아이가 학교에서 공부를 제일 잘하는 애가 되었네요."

그러자 아버지가 말씀하셨습니다.

"그러게 말이오. 얼마나 다행스런 일이오."

간단히 말씀하셨지만, 저는 그 말투에서 오는 아버지의 그윽한 자부심을 다 느낄 수 있었습니다. 잠결에 들은 두 분의 목소리는 더없이 따뜻하여, 되돌아보면 제 유년기의 아름다운 장면이 되어 가슴에 남아 있습니다. 그 도란도란한 목소리가 아직도 생생하게 기억됩니다.

아버지는 참 잘생긴 분이셨지요. 일요일도 없이 아침마다 출근을 하셨는데, 그때마다 늘 정장을 입고 나서셨지요. 참 잘 어울려서 그 초라한 산동네 집에서 나오는 분이라고는 믿어지지 않게 환했지요. 사실 아버지에 대한 정말 멋진 기억은 아버지가 아주 많이 편찮으신 다음 첫 외출에 제가 대동하게 되었을 때입니다. 어머니가 돌아가신 다음, 아버지는 아주 많이 편찮으셨지요. 또 초상을 치르겠구나 하고 생각할 만큼 그렇게 쓰러져 일어나지 못하셨지요. 그때 광주에 계시던 할머니가 그곳 생활을 다 정리하시고 서울로 와 아버지를 돌보셨습니다. 열아홉 살에 과부가 되어 아버지만을 키워 오신 할머니는 제 마음의 영웅이셨지요. 참으로 사리에 밝고 강하며 부지런한 분이셨습니다. 할머니는 아버지를 살려내셨지요.

어느 여름이 한창이던 날, 많이 좋아진 아버지께서 와병 후 첫 외출을 하시게 되었습니다. 할머니는 하얀 모시적삼을 다려 입히셨지요. 그렇게 차려입고 나서는데, 그때 중학생이던 저는 아버지를 호위하는 역할을 맡았습니다. 오래 심하게 앓은 후니 아버지를 따라가라는 것이 할머니가 제게 맡긴 미션이었습니다. 집을 나서 아버지 친구 분을 만나러 혜화동으로 갔지요. 그때 우리는 지금의 대학로 위 낙산 꼭대기에 살고 있었으니 천천히 걸어 내려가면 되는 거리였습니다. 푸른 하늘에 흰 구름이 명료한 그 환한 여름날, 하얀 모시옷을 입고 앞서가는 아버지는 참 멋지셨어요. 그래서 저는 조금 떨어져 걸으며 '저 분이 내 아버지다.'라는 즐거운 생각에 젖어 제법 긴 그 길을 내려갔습니다. 그게 제가 기억하는 아버지에 대한 최고의 명장면입니다.

아버지는 몸이 회복되어 다시 매일 출근하셨지요. 물론 그곳이 어디인지는 아무도 몰랐습니다. 회사를 다니신 것이 아니라 '한 번도 성공한 적 없는 사업'을 하러 다니셨으니까요. 그 후 우리는 같은 집에 살았지만 사실 별로 만난 적이 없었던 것 같습니다. 아버지는 초저녁잠이 많은 제가 잠든 후 들어오셨고, 저는 그다음 날 아버지가 깨시기 전에 학교에 가곤 했으니까요. 그날 이후 저는 아버지에 대한 알 수 없는 그리움 같은 것이 늘 있었던 것 같습니다.

이제 제가 그 흰 모시옷 입은 아버지보다 더 나이가 많은 아버지가 되었습니다. 저는 좋은 아버지가 되고 싶습니다. 좋은 아버지, 그러나 전 그게 무엇인지 아직 잘 모르겠습니다. 그저 전 아이들에게서 이미 아주 많은 즐거움을 얻었다는 사실을 알고 있습니다. 그 아이들이 기억하지 못하는 웃음, 그 찬란한 웃음, 어떤 순간, 어떤 눈빛, 어떤 일상의 대화, 아픔, 아비이기 때문에 느끼는 그 아이가 인식한 아픔보다 어쩌면 더 큰 아픔을 저는 기억합니다. 아이들이 기억하지 못하는 빛나는 순간을 아주 많이 기억하는 사람, 저는 그런 사람이 좋은 아버지가 아닐까 하고 생각합니다. 저는 아이들에 대해 아주 많은 아름다운 심상을 기억하고 싶습니다. 그래서 간혹 그 아이들에게 그 아름다운 장면을 이야기해줄 수 있으면, 그리하여 스스로 그 아름다운 순간을 거쳐 왔음을 잊지 않게 해줄 수 있다면 아주 멋진 아버지일 것이라고 생각합니다.

하얀 모시옷의 멋스러운 아버지를 기억하듯, 저도 제 아이들의 기억 속에 아름다운 모습으로 남고 싶습니다. 그것보다 훌륭한 유산이 또 있을까요. 우리는 종종 거울 속에서, 어떤 사건 속에서, 어떤 말투 속에서, "너는 네 아버지를 꼭 빼닮았구나."라는 말을 듣곤 합니다. 아직 여러 어른들이 생존해 계셨을 때, 그 분들이 제게 종종 그렇게 말씀하셨지요. 그럴 때마다 그 말이 어떤 아름다운 심상으로 이어졌기를 바랍니다. 아름다운 심상이란 단지 겉모습이 아닙니다. '아버지의 뒷모습'처럼 아주 많은 사연을 담고 그 사연과 함께 녹아내리고 혼융되어가면서도 사라지지 않는 기억으로 채색된 오래된 도자기 같은 것이 아닐는지요.

왜 갑자기 아버지께 편지를 쓰게 되었는지는 모릅니다. 아마 무엇인가가 문득 가득 차올랐던 것이겠지요. 그러나 참 좋습니다. 이렇게 나이가 들어서 '내게도 아버지가 있었구나.' 하고 생각할 수 있으니 얼마나 좋은지 모르겠습니다. 한때 독립운동을 하다 옥고를 치르고 일찍이 과부가 된 홀어머니를 애타게 했던 분, 해방 후 가장 젊은 나이에 책임 있는 공직에 있었으나 답답해 일찍 나온 분, 그리고 나와서 한 번도 성공하지 못한 사업을 하신 분, 그래서 가족을 내내 고생시켰던 분, 그러나 너그러운 마음의 신사였던 한 남자를 기억합니다. 여름이 익을 때, 흰 국화를 들고 찾아뵙겠습니다.

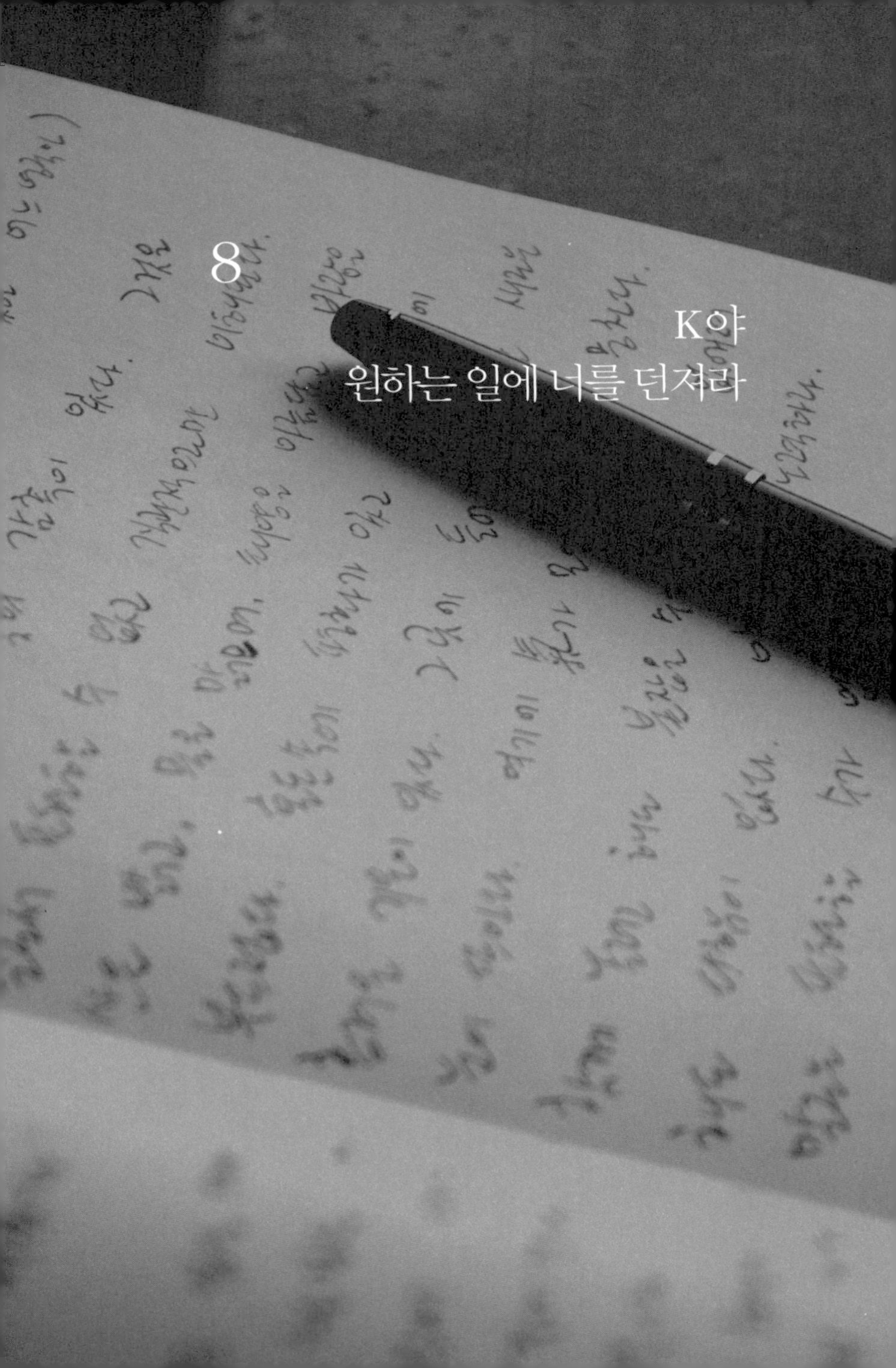

8

K야
원하는 일에 너를 던져라

사람의 일은 신비롭기 짝이 없구나. 양지 바른 곳 눈 곱게 쌓인 슬로프를 따라 굴러 내린 작은 눈뭉치 하나가 눈사람을 만들 만큼 커다란 눈덩이로 변하듯, 작은 일 하나가 어떻게 그렇게 귀엽게 커 나가는지 신기하다. 회사를 다니면서 틈틈이 어려서부터 네가 그렇게 해보고 싶어 하던 목공예를 배워온 지 벌써 2년째구나. 네가 깎아서 보내준 새집 속에 아직 새가 들지는 않았지만, 세월과 함께 나무 색과 거의 같아져가는 새집을 보며 너를 생각하곤 한다. 너를 보면, 사람의 타고난 재주란 바지 속에 넣으면 뾰족한 끝이 주머니를 뚫고 나올 수밖에 없는 송곳 같은 것임을 떠올리게 된다. 스스로 자랑하지 않아도 감출 수 없는 것이 타고난 재주가 아니겠느냐. 너의 목공예 실력이 그렇게 짧은 시간 안에 누구나 놀라워하는 수준으로 뛰어오른 것은 바로 재능이 땀과 더불어 만들어낸 값진 성취인 것이다.

내게 고마워할 것 없다. 그저 네게 찾아온 기쁨이다. 나는 그 기쁨에 환호와 박수를 보낸다. 이 작은 일이 앞으로 또 얼마나 큰일의 단초가 되겠느냐? 늘 열심히 살 일이다. 오늘 아침 다시 너의 편지를 읽는다. 다시 읽으니 또다시 더 큰 기쁨으로 나를 이끄는구나. 너로 인해 내가 즐거워지니 고마워해야 할 사람은 오히려 나인 듯하다.

날씨가 갑자기 추워졌습니다. 건강히 잘 지내시는지요?

작은 한 가지 이야기를 말씀드리고자 키보드를 두드립니다.

일요일인 어제 청담동에서 열린 트위터 소셜 사진전 '소통'의 오프라인 전시회를 다녀왔습니다. 트위터에서 만난 다양한 사람이 사진전을 열어 의미 있는 무언가를 한다는 것 이외에도, 이 전시회는 저에게 여러 의미를 지닙니다. 저의 작품이 미약하나마 세상에 선을 보였기 때문입니다. 전시회의 주된 내용은 일전에 말씀드린 적이 있지만, 진짜 이야기는 지금부터입니다.

제가 트위터를 해서 모임에 적극적으로 참여한 것은 아닙니다. (어제 전시회에 가기 전까지 트위터에 대해서 그 실체도 잘 모를 정도였습니다.) 이 이야기의 시작은 D 선배가 여자 친구에게 줄 보석함을 만들어달라고 했던 때로 거슬러 올라갑니다. 저는 나무로 사과 모형의 보석함을 만들었고 거기에 레이저로 글자를 각인

하고 싶었습니다. 나무에 글자를 새기는 기술과 기계는 제가 가지고 있지 않기에 개인을 대상으로 그런 서비스를 제공해주는 업체를 뒤지다가 두 군데를 찾았습니다. 한 곳은 동호인 카페에 나와 있던 곳이었고, 다른 한 곳은 우연히 검색하다 발견한 곳이었습니다. 왠지 모르게 우연히 검색한 곳에 마음이 끌려 용산 미군기지 근처의 가게를 방문했습니다. 그 가게는 미군을 상대로 하는 기념품 가게였습니다.

가게 주인은 제가 만든 보석함과 우드펜을 보자 매우 놀라는 눈치였고, 곧이어 맡기고 싶은 일이 있다고 했습니다. (거북선 모형이 미군들한테는 최고의 선물이라는 것을 그때 알았습니다.) 명판과 기념물 케이스를 나무로 조각해주었으면 좋겠다고 하여 얼떨결에 받아두었으나 여태 못 만들고 있습니다. 제가 아직 잘할 수 있는 기술이 아니고 단순한 작업이라 마음이 그리 끌리지 않아서입니다. 아무튼 그 가게의 인상 좋은 주인은 한 달 뒤쯤 다시 연락을 해왔습니다.

가게 주인 이야기를 좀 정리하면, 그는 작은 무역회사를 하면서 그 가게를 운영하는데 이번에 미국에 있는 스테인리스 사진틀 제작 회사의 국내 공급처가 되었다고 합니다. 사진틀을 팔고 싶은데 큰 사이즈는 벽에 걸지만 작은 사이즈는 책상에 세우는 방식이라 작은 사이즈의 사진을 세울 수 있는 고급스러운 나무 고정틀을 만들어주길 바랐습니다. 그때부터 몇 번에 걸쳐 실험작들을 만들어 품평을 했습니다.

그러던 와중에 그분이 인상적인 이야기를 해주었습니다. 그분 역시 몇 번 사업을 하다가 실패했답니다. 그런데 신기하게도 이번 사진틀 건은 어디선가 알 수 없는 사람들이 나타나 계속 도와준다는 것입니다. 미국 회사의 국내 독점 공급처가 된 것도 우연한 일이었고, 세계적으로 유명한 전문 카메라 업체의 중역들이 연이어 우연히 가게에 왔기에 인사를 나누다가 자연스럽게 거래를 트게 되기도 했다는군요. 트위터에 이 재질을 알리자 사진전을 기획하는 분에게서 연락이 와 사진틀을 공급해달라는 부탁을 받자마자 이번에는 제가 나타나 사진틀 제작을 도와주게 되었다는 것입니다. 그분은 이번 전시회 기금이 소아암 환자들에게 쓰이도록 전시회 사진틀을 전액 지원하는 전시회 스폰서가 되었습니다.

얼마 전에는 직접 작업실로 와 제가 작업하는 모습을 찍어갔습니다. 그는 인터넷 쇼핑몰에 제가 만든 사진 고정틀을 스테인리스 사진틀에 옵션으로 같이 팔고 싶어 했습니다. 그는 쇼핑몰에 제 이야기를 올리고 싶다고 합니다. 전시회 기획 미팅에 제가 만든 샘플을 가져갔더니 다들 좋은 아이디어라고 했다고 합니다. 일요일 아침, 그에게서 전화가 왔습니다. 샘플 두 개만 급히 만들어 와줬으면 좋겠다는 것입니다. 전시회 개최까지는 네 시간이 남아 있었고 물건을 만들기에는 충분한 시간이었습니다. 약간 흥분했는지 그날 작업을 하면서 손가락 여기저기를 다쳤습니다. 원래 요청한 샘플과 갑자기 생각난 샘플, 예전에 만들어놓고 미련을 못 버린 샘플, 그리고 부탁 받지는 않았지만 사진 밑에 놓는 예쁜 나무 나이테 밑판을 준비해갔습니다.

이제 사람들이 말을 걸어오고 관심을 가지고서 제 소품들을 사고 싶다고 합니다. 저는 세상에 감사하고 싶어졌습니다. 사부님이 아니었다면 지금 경험하는 것을 감히 경험할 수 있었을는지요. 눈물이 났습니다. 하지만 집으로 돌아오는 길에 이내 담담해지면서 어떻게 하면 이 세상에 공헌할 수 있을까 하고 생각하기 시작했습니다.

그리고 다시 고민합니다. 당장 사람들이 얼마냐고 물어오는데 가격을 정해놓지 않았습니다. 이제 세상에 얼굴을 쪼금 들이미는데 어떻게 가격을 얘기해야 하나? 사진틀 판매 대금을 좋은 일에 쓴다고 하는데 나도 그렇게 할까? 어떻게 이것을 계속 연결해갈 수 있을까? 작품에는 뭐라고 새겨서 나를 소개하나? 이 기회를 최대한 활용하고 싶은 마음도 있습니다. 매일같이 하는 일이 영업이고 마케팅인데 분야가 다르니 막막합니다. 사람들이 명함을 주며 연락하고 싶다는데 아직 제 명함도 만들지 못했습니다.

아직 많은 사람들을 만난 것도 아니고 앞으로 일이 어떻게 전개될지도 알 수 없습니다. 계속 생각하고 수련하며 길을 걸을 것입니다. 이 이야기를 다른 이에게 하고 싶을 때가 많았습니다. 그러나 아직 일어나지 않은 희망을 함부로 얘기하기 싫었습니다. 그 누구보다도 먼저 사부님께 이 이야기를 말씀드리고 싶었습니다. 날씨가 추워졌습니다. 안녕히 계세요.

내게도 그런 일이 벌어지곤 한다. 기쁨이 기쁨에 연이어 손을 잡고 나타나고, 마치 오랫동안 그 일이 예견된 것처럼, 한 일이 벌어지면 연이어 그 일의 다음 단계가 저절로 열리는 듯할 때가 있다. 그때는 그 흐름을 따라가야 한다. 그것은 우주가 오래 기다리다가 일을 도와주기 위해 스스로 펼쳐지는 것과 같다. 그래서 종종 우리는 "때가 되면 온 우주가 나서서 일을 도와주게 마련이다."라고 하기도 하고, "그 일은 예견되어 있었다."라고 하기도 한다. 매우 분석적이고 논리적인 사람들은 이런 일을 믿기 어려울지도 모른다. 그런 사람들을 위해 내가 좋아하여 즐겨 쓰는 한 과학자 이야기를 들려주마.

데이비드 봄(David J. Bohm, 1917~1992)이라는 유명한 물리학자가 있는데, 아인슈타인에게 사사(師事)를 받기도 한 사람이라는구나. 그는 간단한 통 실험 결과를 우리에게 들려준다. 안에 작은 원통이 들어가 있는 회전용 투명한 원통이 있는데, 원통과 원통 사이에는 글리세린처럼 점성이 높은 투명한 액체로 채우고, 이 속에 잉크를 한 방울을 떨어뜨린다. 잉크는 글리세린 속에 한 점으로 떠 있다. 이때 부착된 손잡이로 바깥 원통을 돌리면 잉크 방울은 가는 실 모양을 그리며 서서히 글리세린 안으로 퍼져든다. 바깥쪽 원통이 안쪽 원통보다 빨리 돌아가기 때문에 생기는 현상이다. 잉크 입자들은 점점 엷게 퍼져 마침내 보이지 않게 된다. 이제 손잡이를 아까와 반대로 돌려보자. 놀라운 일이 벌어진다. 사라졌던 잉크의 입자들이 다시 서서히 모습을 드러내기 시작한다. 아까와 반대의 경로를 거쳐 한 점의 잉크 방울로 되돌아오는 것이다.

데이비드 봄은 이 현상을 이렇게 설명한다.

> 눈에 보이지 않는 동안에도 잉크 방울은 여전히 질서를 가지고 있었던 것입니다. 잉크 방울이 가진 질서가 글리세린 안에 접혀 들어가 보이지 않았을 뿐입니다. 물리학에서는 그런 질서가 중요한 의미를 가진다고 생각합니다. 따라서 우리는 잉크 방울을 하나의 고정된 존재 상태로 보지 않고 여러 번의 회전 속에 접혀 들어가 있는 작은 물방울의 조합으로 생각할 수 있습니다. 물질이란 결국 기본적으로 전체 속에 자신의 존재를 유지하고 있으면서 국소적 방식으로 자신을 들어내놓고 있다고 말할 수 있습니다. 존재 자체가 개별적으로 분리되어 있는 것이 아니라는 뜻이지요.

'나'라는 존재는 한 방울의 잉크처럼 지금의 나로, 응결된 실체로, 가장 국소적인 방식으로 자신을 표현하고 있지만, 원래의 나는 온 우주에 여러 번의 회전으로 접혀 들어가 있는 미세한 미립자로 자신의 존재를 유지하고 있는 것이라는 뜻이지. 그러므로 나는 내 속에 분리되지 않은 우주를 기억하고 있는 것이라네. 그러니 어느 날 불현듯 우주적 공명에 내가 떨림을 느끼는 것은 너무도 당연한 것이다. 어느 날 알 수 없는 기쁨에 내 영혼이 환호하는 이유도 그렇다. 숨이 멎을 듯이 아름다운 어느 풍광에 압도되어 오직 감탄만이 내 입술에 머물 때도 나는 우주적 존재로서의 나를 기억하고 있을 것이다.

상상이 되느냐? 네가 네 이름 석 자로 불리며 한 개인으로 분리되어 살아가고 있는 것처럼 보이지만 네 속에는 우주 전체에 퍼져 있는 물방울 같은 또 다른 네가 차곡차곡 접혀져 네 몸을 이루고 있는 것이니, 네 정신은 온 우주에 퍼져 있던 질서를 잊지 않고 있다. 하나의 일이 벌어지면 그것과 연관된 사람들과 사건들이 하나씩 펼쳐져 등장하고 이루어지는 것이다. 그래서 파울로 코엘료의 《연금술사(O Alguimista)》에 나오는 신비한 단어, '마크툽(maktoob: 미리 쓰여 있다)'이라는 단어를 듣는 순간 마음이 감응하는 것이다.

바야흐로 너의 또 다른 인생이 펼쳐지기 시작하는구나. 이때는 오직 온 마음과 정성을 다하여 이 일에 너를 던져 넣어야 한다. 헌신이란 그런 뜻이다. 헌신이 필요하다. 당분간 회사를 다니는 일을 빼고는 모든 시간을 여기에 쏟도록 해라. 이윽고 때가 되면, 너는 오직 이 일만을 하며 살게 될 것이다. 네 길이 펼쳐지는구나. 기쁨으로 축하한다. 이 일로 너는 삶을 즐기게 될 것이다.

9

졸업을 앞둔 S에게 직장 구하는 법에 대하여

이제 마지막 학기가 시작되었구나. 한 학기만 넘기면 너는 졸업이다. 이때쯤이면 너희는 취업 준비에 바빠진다. 정보를 교환하고, 자기소개서를 쓰고, 마지막 토익을 보아 제일 좋은 점수를 만들어내느라 고심한다. 사회로 들어갈 채비에 바빠지고, 불안한 수험생으로 다시 복귀한다. 겨우 그 맛만 보고 제대로 즐기지 못한 자유는 끝나가고, 빡빡한 일상이 기다리고 있음을 감지한다.

나는 네가 어느 길로 가든지 응원할 것이다. 제 길을 간 인생만이 행복하기 때문이다. 그러나 누구에게나 쉽게 자신의 길이 보이는 것은 아니다. 여기저기 숲을 기웃거리고 이 일 저 일 해보다 보면 운 좋게 마음을 끄는 일을 발견하게 되는 것이 평범한 사람들이 천직을 찾아내는 가장 일반적인 방식이다.

직업을 가진 세상의 모든 사람 중에서 가장 많은 사람이 선택한 직업이 바로 직장인이다. 절반 이상이 넘으니 말이다. 그중에서 직장인을 천직으로 생각하는 사람은 그리 많은 것 같지 않다. 직장은 마치 천직에 이르지 못한 사람들이 머무는 연옥과 같아서 그 속에서 수많은 희로애락을 거치게 되고, 이 일 저 일을 맛보고 수련하기에 적합한 장소다. 나는 이 직장에서의 수련이 천직으로 가는 길로 이어지는 또 다른 통로라는 것을 알고 있다. 그러니 아직 천직에 대한 떨림을 얻지 못해 딱히 정한 진로가 없어 이왕 직장을 구하기로 마음 먹었다면 가서 열심히 일하고 배울 수 있는 좋은 직장을 찾아보는 것이 현명할 것이다.

구직의 과정 역시 인생을 사는 방식과 별로 다르지 않다. 내가 생각할 때, 가장 괜찮은 성취의 정신은 '전심전력을 다해 목표를 향해가는 자유, 그러나 통제하거나 억지로 만들어내지 않고 삶의 창조적 흐름에 나를 맡겨둘 자유'를 동시에 존중하는 것이다. 동양인들은 그것을 "진인사대천명(盡人事待天命)"이라고 불러왔다. "인간으로서 해야 할 일을 다하고 나서 하늘의 뜻을 기다린다."는 뜻이다. 그러니까 목표는 정해두었으나, 그것을 얻기 위해 열심히 땀 흘리지 않으면서 좋은 결과를 기다린다거나, 반대로 목표를 보고 열심히 달렸기 때문에 그 결과에 지나치게 집착하여 노심초사하는 것 모두 금기다. 이것은 대단한 내

공과 통달을 의미하는 것은 아니다. 대체로 인간의 삶이 그렇게 진행되기 때문에 빨리 삶의 원칙을 익혀두는 것이 좋으리라는 뜻이다.

이런 생각을 가지면 구직 과정 역시 인생의 즐거운 과제이니 한번 스스로 즐겨볼 만하다. 몇 가지 게임의 원칙을 알려줄 테니 네 취향에 맞게 변형하여 써보도록 해라.

첫째, 취업은 삶에 대한 자세와 재능을 파는 것이라는 새로운 원칙을 이해하는 것이 좋다. 대우가 좋은 대기업은 경쟁이 심한 곳이다. 전형적인 레드오션이다. 만일 이곳에 성공적으로 입사하려면 자신의 특별함을 팔아야 한다. 나는 여러 대기업의 신입사원 오리엔테이션에 자주 초대되어 강연을 하곤 하는데, 그때마다 그들에게 '회사가 300대 1의 경쟁률 속에서 그대를 뽑은 특별한 이유'에 대해서 말하게 했다.

특별히 영어를 잘해서 들어온 사람은 백 명 중 한두 명 정도였다. 그들은 아주 탁월한 실력을 갖추고 있었다. 아버지가 외교관이거나 상사 주재원이어서 어려서부터 그곳에서 영어 교육을 받았고 남아서 학업을 계속한 학생들이다. 학점이 좋아 채용된 학생 역시 백 명 중 한두 명 정도에 불과했다. 그들은 정말 올 A의 좋은 학점이었다.

결국 학생들이 중요하게 생각하는 스펙은 아주 특별한 경우가 아니면 어드밴티지로 쓰이기보다는 일정 수준 이하는 배제

하는 최저 채용 기준으로 작용하는 경우가 태반이었다. 또 한 가지 특이한 것은 이른바 SKY 출신 비율이 예전보다 많이 줄었다는 것이다. 학력은 해외 유학파를 포함하여 매우 다양하다. 명문대학을 제외한 지방대학이나 중상위권 대학 출신들이 대거 진입해 있기 때문이다.

대기업 채용의 결정적인 기준은 오히려 인턴십과 면접으로 그 중요성이 이행하고 있다는 것을 알아야 한다. 따라서 이미 결정된 스펙을 가지고 너무 노심초사하지 마라. 어떤 자세와 정신으로 회사 생활에 임할 것인지, 어떤 강점과 잠재력을 가지고 있는지, 그리고 그것을 계발하여 현업에 어떻게 연결하고 성과를 만들어낼 것인지를 적극적이고 매력적으로 표현하는 것이 중요해졌다는 것이다. 이제 취업은 과거의 기록을 파는 것이 아니라 자세와 태도, 그리고 재능을 파는 과정이라는 것을 이해해야 한다.

둘째, 발품을 많이 팔아야 한다는 것이다. 정보가 몰려 있는 곳에만 집중하면 결국 전형적인 레드오션만 쳐다보는 꼴이 된다. 시선을 다양하게 돌려, 잘 알려져 있지 않아 많은 사람들이 지원하는 곳은 아니지만 아주 괜찮은 기업을 찾아보는 것이다. 마치 탐험을 하듯 말이다. 예를 들어, 세계적으로 유명하지만 한국에 진출한 규모가 작은 다국적 기업들도 많다. 이런 경우 직원을 공채로 뽑기보다는 수시로 접수된 원서 중에서 소수의 인원을 선발하게 된다.

그러니 마음에 둔 좋은 글로벌 기업이 있다면 공식적으로 공고가 나지 않더라도 담당자에게 잘 물어 원서를 접수시켜두는 것도 좋은 방법이다. 운이 좋으면 최고의 기업에서 앞서가는 경영 체계와 기법을 습득할 기회가 주어지는 것이니 부지런히 다양한 곳을 뒤져보아라. 대부분 이런 기업들은 경력 사원을 뽑는 경우도 많으니, 다른 관련 업체에서 3년 정도 근무한 후 이런 곳으로 전직하는 것도 중기 전략으로 쓸 만하다.

또 한 가지는 괜찮은 중소기업을 놓치지 말라는 것이다. 인원은 적지만 특별한 분야에서 글로벌 경쟁력을 갖추고 있는 기업들도 제법 된다. 이런 기업들은 벤처기업일 수도 있고, 아직 상장되지 않아 상대적으로 잘 알려져 있지 않지만, 내실이 아주 탄탄하고 경영자가 특별한 가치를 추구하는 경우가 많아 재미있고 열정적으로 근무할 수 있는 곳들이다. 매우 바빠서 열심히 일해야 하지만 대우도 생각보다 좋은 곳이 있게 마련이니 스스로 열심히 찾아보도록 해라.

셋째, 아주 강력한 자기소개서를 써두라는 것이다. 취업을 원하는 젊은이들은 대부분 학교를 막 마친 경우가 태반이기 때문에 경험이라는 측면에서 거의 비슷한 수준이다. 그러니 경험 위주로 쓰다보면 자기소개서가 대부분 천편일률적으로 보이게 마련이다. 그러나 어떻게 쓰고 무엇을 강조하며 어디에 집중하느

냐에 따라 아주 다른 각도의 자기소개를 할 수 있다. 아직 직접 얼굴을 보이고 스스로를 어필하지 않은 상태에서 너를 가장 잘 대변할 수 있는 것은 자기소개서이니 시간을 많이 투자하여 완벽하게 준비해두라는 것이다. 내가 볼 때 가장 잘 쓴 자기소개서는 다음과 같은 내용이 잘 정리되어 있어야 한다고 생각한다.

- 너의 가치관과 직업관을 인상적으로 보여줄 수 있도록 명시하는 것이 좋다. 간단한 사례를 들어 이 가치관이 어떻게 형성되었고, 언제 어떻게 작동하는지를 보여주면 좋다.
- 네가 이룬 가장 훌륭한 성과와 경험을 드러내라. 네가 누구인지를 긍정적으로 보여줄 수 있는 차별적인 경험이 있다면 놓쳐서는 안 된다. 해외 경험, 특별한 프로젝트, 인턴 경험, 특별한 상처럼 가시적인 것도 물론 좋지만, 사적이고 정신적인 도약이 이루어진 순간도 빼놓지 말거라.
- 강점과 재능을 강력하게 어필해라. 특히 특정한 부서를 마음속에 두고 있다면 앞으로 맡을 일과 너의 강점과 재능이 어떻게 결합되어 시너지를 낼 수 있는지 잘 연결해두는 것이 좋다.
- 지원 동기 및 자세 역시 대단히 중요한 요소다. 채용이란 서로의 선택 과정이다. 그러니 왜 이 회사를 선택했고, 이곳에 들어와 어떤 자세로 헌신하고 기여할 것인지를 열정

적으로 밝힐 수 있다면 긍정적으로 작용한다.

나도 연구원들을 뽑을 때 아주 긴 자기소개서를 쓰도록 해서 꼼꼼히 읽는다. 같은 내용이라도 어떻게 기술하고 인식하는지에 따라 그 사람에 대한 인상이 매우 다르게 받아들여진다는 사실을 나는 잘 알고 있다. 비슷한 경험이라도 그 속에서 어떤 배움과 깨달음이 있었는지에 따라 사람은 성숙의 깊이를 달리하기 때문이다. 그러니 객관적 경험 자체도 중요하지만 그 경험이 네게 무엇이었는지를 놓치지 말라는 것이다.

사회와 조직은 오랫동안 사람들을 뽑아서 써왔고, 인재를 찾아내기 위해 애를 쓰지만, 인재란 참으로 구하기 어려운 것이다. 덕과 재능을 겸비한 사람이 그만큼 많지 않다는 뜻이기도 하다. 덕에 해당하는 것이 좋은 가치관과 삶에 대한 긍정적 태도와 미덕이라면, 재능에 해당하는 것은 온갖 종류의 재주와 기술력과 전문성을 말한다. 둘 다 겸비한 사람은 정말 흔하지 않다. 그런 사람이 있다면 절대 놓쳐서는 안 되는 훌륭한 인재인 것이다. 둘 다 결여된 사람은 어리석은 사람이니 쓸모가 없다.

덕이 재능보다 나은 사람과 재능이 덕보다 나은 사람들 사이에서 우리는 늘 갈등한다. 내가 보기에 오랜 기간을 두고 잘 쓸 수 있는 인물은 덕이 재능보다 나은 사람이라고 생각한다. 타고난 재능의 크기야 바꿀 수 없지만 지식과 경험이 늘면 능력도 커지기에 덕이 있는 사람들은 점점 좋은 인재로 계발해 쓸 수 있다. 그러나 재주는 있으나 사람의 심장이 작고 소인이면 그것을 바꾸기가 거의 불가능하다. 그러니 재능이 덕보다 훨씬 승한 사람은 아깝기는 하지만 중용하기가 어렵다. 다행히 덕이 재능보다 나은 사람을 고르는 것이 더 나은 결정이라는 것을 웬만한 경영자들은 경험적으로 다 알고 있다.

이제 너는 사회로 나가게 되었다. 조직에 헌신하다 보면 개인의 자유는 줄어들 것이다. 한 조직 구성원으로 요청되는 의무와 책임은 너의 자유를 구속하게 될 것이다. 그러나 나쁜 것만은 아니다. 사람들 사이에서 서로 존중하고 배려하면서 함께 일하는 방법을 배우게 될 것이기 때문이다. 사회생활을 통해 너는 자유와 단결 사이의 조화를 이루는 묘책을 찾아내야 하는 많은 시간을 보내게 될 것이다. 바닥의 맛을 보아라. 그러나 많이 웃어라. 그리고 다시 돌아올 수 없는 시간으로부터, 밑에서부터 배우도록 해라. 건투를 빈다.

구 본 형
변화경영사상가 Chief Change Officer (CCO)
bhgoo@bhgoo.com
011 766 9709
변화경영연구소
bhgoo Transformation Institute www.bhgoo.com

10

마침내 화가가 된 A에게

'현대인의 표정전'은 아주 멋졌네. 나는 거기서 많은 순간들을 보았네. 그 순간들이 사람의 얼굴에 남긴 '바로 그때'의 섬광 같은 눈빛과 감정을 잘 보았네. 그들은 다 다른 사람들이었지만 그 표정들은 모두 다 내 것이었네. 마음을 빼앗긴 그 찬란한 기쁨의 순간, 황당한 새로움에 대한 놀람, 예기치 않게 맞닥뜨린 두려움, 뜻밖의 횡재가 주는 행복이 어떻게 다른 사람들의 것이겠는가! 나는 무수한 다른 사람들 속에서 나를 찾아내곤 했다네. 우리가 하나이며, 바로 그 동일한 인생의 순간순간 바로 그 사람들이 내 위로이고 기쁨이라는 것을 알아내는 즐거움에 젖어보았다네. 자네 전시를 둘러보는 동안, 나는 과거의 자네가 겪어왔던 그 길들을 잠시 되돌아볼 수 있었네. 내가 보았던 자네의 표정들이었다고 할까.

표정 하나.

내가 자네를 처음 만났을 때, 자네는 답답해 보였네. 얽힌 실타래 속에 갇힌 듯했네. 가야 할 길이 무엇인지 알고 있으나 그 길은 너무 멀고, 수없이 얽히고설켜 풀어야 할 매듭들로 가득한 길처럼 보였던 모양이네. 가야 하나 갈 수 없는 자신 때문에 가슴속에 치미는 분노를 품고 한숨처럼 살고 있는 듯했네. 그때 아마 자네는 미술학원을 접고 막 다른 일을 시작한 후였던 듯하네.

자네는 화가가 되는 것이 유일한 꿈이었지. 다른 아무것도 바라는 것이 없었지. 그러나 화가도 먹고살아야 하기 때문에 찾아온 현실을 해결해야 했지. 미술학원을 열고 아이들의 입시 지도를 시작했지만 그대의 회의는 깊어갔다네. 예술이 밥벌이가 되고, 작품이 상품이 되고, 인생은 요령이 되어가는 하루하루를 견디기 어려웠을 것이네. 자네가 가진 미술에 대한 애정이 순수할수록 자네의 하루는 스스로에게 기만적이고, 영혼을 파는 것 같은 모멸이었던 것 같네.

밥벌이는 되었지만 혼을 잃어가는 생활이라고 여겼는지, 자네는 미술 학원을 접었지. 그림 옆에 있었으나 화가는 되지 못한 사람, 그것은 마치 아직 사랑을 고백하지는 못했으나 마음으로 짝사랑한 애인이 다른 남자를 좋아하는 것을 지켜보는 아픔같이 견딜 수 없었던 모양이지. 결국 그 곁을 떠나지 않고는 견딜 수 없었던 것일 테니까. 미술 학원을 접고 다른 일을 시작할 때, 자신의 길에서 멀어진 자신을 다시 보게 되었지. 그때 나는 그대의 얼굴을 처음 보았다네. 떠나서는 안 되는 곳을 '떠나가려 마음먹은 자의 혼란'. 그것이 내가 기억하는 그대의 첫 번째 표정이었네.

두 번째 표정.

이 두 번째 표정은 꽤 오래가서 순간의 표정이라기보다는 그대 얼굴에 일상의 흔적을 만들어냈을지도 모르네. 창원의 어느 강연장에서 그대를 다시 만나게 되었던 것 같네. 아마 그때가 그림과는 전혀 무관한 세상에 살고 있던 때가 아닌가 하네. 친구 회사에서 그의 일을 도와주고 있었으니 그것은 그림의 세계와 전혀 맞닿아 있지 못한 시간이었을 것이네. 자네가 창원에서 공항까지 나를 태워다주는 동안 차 안에서 나눈 이야기는 체념과 슬픔으로 물들어 있었네.

일을 끝내고, 그래 밥을 벌어야 하는 시간을 끝내고 휴식이 찾아오면 팔레트와 붓을 들고 이젤 앞에 앉아 있는 그대를 상상했지만, 그대는 밤이 되면 그저 쓰러져 잘 수밖에 없는 생활인으로 살고 있었지. 다음 날 아침, 회한으로 스스로를 미워하고, 그날이 저물면 그림 그리기가 두려워지는 자신을 다시 만났을 것이네.

그림마저 종종 잊고 있다가, 문득 송곳처럼 파고드는 회한 때문에 자신을 다시 추슬러보려고 하지만 그저 생각에 지나지 못한 시절이었을 것이네. 나는 그때 그대의 얼굴이 '떠난 자의 시절', 바로 방황과 무기력과 일상이 지배한 '범벅 표정'의 시절이 아니었나 하고 추측해보네.

우리는 그때 여러 번 만났네. 그렇게 몇 년이 흘렀지. 만날 때마다 그대는 그 표정으로 머물러 있었네. 결혼을 하고 개를 키우고, 다른 사람들과 같이 출근하고 퇴근하고 술을 마시는 하나의 생활인으로서 그림을 잊고 지낸 시절, 그대의 마음은 무수한 시도와 실패, 그리고 그것을 잊어가는 생활의 반복 속에서 세월에 닦여가는 듯했네. 아마 그것이 몇 년 동안 그대 표정 속에 어린 그늘의 정체였지 않을까 하고 생각해보았네.

세 번째 표정.

그것은 어떤 '결심을 품은 자의 얼굴'이었네. 자네는 내게 편지를 보내, '나를 찾아 떠나는 여행'에 다시 참석하고 싶다고 했네. 이번 여행은 사람이 다 찼으니 다음에 오면 어떻겠느냐고 했을 때, 자네는 꼭 이번이어야 한다고 말했네. 그래서 우리는 몇 년 전 만나 함께 했던 미래여행을 다시 떠나게 되었지. 그때 자네는 앞으로 10년간 벌어질 아름다운 열 개의 풍광을 그려가기 시작했네. 그 아름다운 풍광 중 하나가 바로 '현대인의 표정전'이라는 전시회를 여는 꿈이었지. 나는 그때 자네가 '얼굴의 화가'로 자신을 세상에 알리고 싶다는 포부를 가지게 되었음을 알게 되었네. 자네는 확고한 결심을 한 듯했지.

"매일 그리자. 천 개의 얼굴을 그려보자. 그러면 마음이 본 것을 손이 그려낼 수 있을 것이다."

그렇게 우리는 헤어졌네. 그게 바로 얼마 전 꽃이 피기 시작한 봄에 있었던 일이네.

네 번째 표정.

나는 이 표정을 아직 보지 못했네. 그 후 나는 그대를 만나지 못했으니까. 그러나 그대가 거의 매일 그려 내 홈페이지에 올리는 얼굴들을 보며, 자네가 드디어 매일 그리기를 시작했다는 것을 알게 되었네. 표정을 담은 습작의 얼굴들이 하나둘 모이고 대여섯이 되는 동안, 나는 자네가 어떤 얼굴을 하고 있는지 추측해볼 수 있었네. 그 표정은 틀림없이 '매일 그 일을 하는 자의 성실함'일 것으로 생각하네. 그림의 개수가 하루하루 늘어가고, 그림이 올라오는 간격이 일정해 매일 그리기가 조금씩 정착되어가는 것을 보며, 나의 믿음도 점점 확실해져갔네.

자네는 3년이 지나는 동안 '천 개의 얼굴'을 그려보게 될 것이네. 그리고 바로 그 과정을 거쳐, '얼굴의 화가'로 세상에 알려지게 될 것이네. 이것은 마치 이미 일어난 일처럼 확실한 미래가 아니겠는가? '현대인의 표정전'이라는 자네의 아름다운 풍광 중 하나는 아직 실제로 일어나지 않았으나, 이미 이루어진 것이나 다름없는 확실한 미래가 된 것이네. 나는 이것을 확신하네. 왜냐하면 나는 이미 '매일의 맛'을 알고 있기 때문이네.

매일 새벽 글쓰기를 시작한 지 13년이 흘렀네. 그동안 나는 17권의 책을 내게 되었네. '1년 1책'이라는 내 꿈의 풍광은 내가 매일 새벽 글쓰기를 하는 한, 이미 일어난 과거처럼 거의 확실한 일이 되었네. 미래도 과거처럼 확실할 수 있다는 것, 그것이 바로 매일의 힘과 습관이라는 것을 알고 또한 믿고 있기에, 나는 '매일 그리기'가 '얼굴의 화가'라는 그대의 꿈을 이루게 해 주리라는 것을 누구보다 잘 알고 있다네.

그래서 하는 말이네. 자네가 아주 유명해져 그림 값이 비싸지기 전에 자네 그림을 몇 점 소장하고 싶네. 얼마간의 습작기가 지난 다음에 자네 마음이 편안해졌을 때, 내 얼굴을 하나 그려주게. 그리고 우리 가족의 그림을 하나 그려주게. 내 얼굴 그림은 웃고 있는 것으로 책만 한 크기이면 되네. 나는 평생 책을 읽다 이제 책을 쓰는 작가가 되었으니 책만 한 크기가 마음에 당기네. 나는 이 그림을 내 명함과 책의 프로필 사진으로 쓸까 하네. 물론 그 아래에 자네 이름 석 자를 써두어야겠지. 급한 것은 아니지만, 다음 책이 나올 때까지 필요하네. 나는 매일 쓸 것이고 그대는 매일 그릴 것이니, 나의 새 책이 나오기 전 그려주게.

나는 좋은 그림을 좋은 가격에 사고 싶네. 그러니 내 기쁨의 순간을 잘 그려주기 바라네. 가족 그림은 제법 크게 그려주게. 책 크기의 네 배쯤 되게 그려주게. 좋은 자리를 잡아 걸어두겠네. 언젠가 가족들이 함께 놀러 나갔다 돌아오는 길에 즉흥적으로 사진관에 들러 가족사진을 찍었다네. 그러나 마음에 들지 않네. 언젠가 다시 찍을 생각을 하고 있었는데, 밋밋한 사진 대신 '얼굴의 화가'인 자네에게 부탁하는 것이네.

가족의 얼굴들이 한 화면에 들어간 다이내믹한 그림을 그려 보고 싶을 때, 내게 알려주게. 나는 모두 정면을 쳐다보고 있는 사진 같은 그림은 원하지 않네. 각자 자신의 세상을 바라보고 있지만 서로의 세계를 애정으로 지켜보는 가족의 사랑을 그려주게. 그것이 내가 만들고 싶은 가정이라네. 매일 그리는 자네라면 나를 감동시킬 수 있으리라 생각하네. 지금 주문하니 때가 되면 그려주게.

어떤 일은 바랐으나 이루어지지 않고, 어떤 일은 바라지 않았으나 뜻밖에 이루어지기도 한다네. 그리고 알게 되지. 그 바라지 않았던 일이 사실은 정말 마음을 다해 바라던 바로 그 일이라는 것을 말일세. 젊었을 때 나는 역사학자가 되어 혁명사를 전공해보고 싶었네. 그리고 대학에 남아 학생들을 가르치고 연구하는 것이 꿈이었네. 그래서 그 과정을 밟았다네. 그러나 나는 도중에 포기할 수밖에 없었고, 결국 역사학 교수가 되지 못했지. 그 후 20년이 더 지난 다음 나는 지금의 내가 되었다네. 나는 가끔 자문해보네. 어느 것이 더 나다운 삶인가?

나는 지금의 내가 좋네. 나는 자유와 독립 없이는 살 수 없는 사람이라는 것을 알게 되었다네. 내가 되기 위해 나는 그 긴 세월을 둘러왔네. 그 둘러온 인생이 바로 내 삶이라는 것도 알게 되었네. 몇 년 전에 자네는 미술 학원을 접었고, 이제 다시 그 일을 시작하게 되었지만, 그때와 지금은 마음가짐이 완전히 다를 것이네. 지금 자네는 미술 옆에 있고, 매일 미술과 함께 있으며, 미술을 통해 밥도 먹고, 미술을 통해 자기실현도 해가니, 그것이 진정한 화가가 아니면 무엇이란 말인가? 삶과 예술은 분리될 수 없네. 만일 그렇게 산다면 그것은 예술가의 삶이 아니라네. 이제 자네는 진정한 화가로 입문한 것이네. 비로소 세월 속에 그대를 담게 되었네. 축하하네.

DEEP LIFE
구본형의 그리스인 이야기
신화가 된
시야, 너는 참 아름답구나!

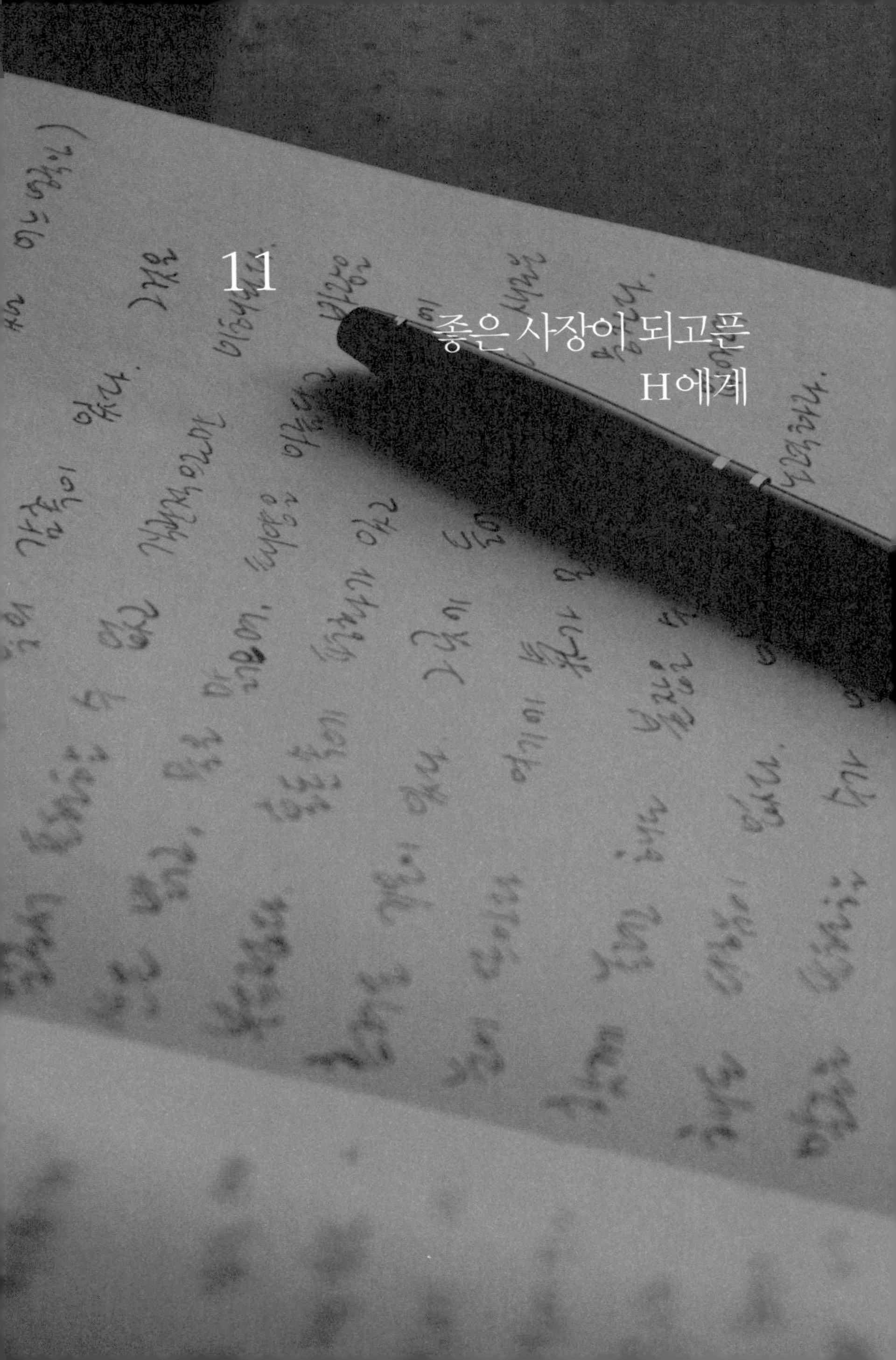

11

좋은 사장이 되고픈 H에게

벌써 겨울입니다. 겨울의 맛은 역시 햇빛입니다. 투명한 얼음 같은 겨울날 창 안으로 파고드는 햇빛 맛은 내가 제일 좋아하는 기쁨입니다. 청계산이 보이고 그 뒤로 관악산이 슬그머니 넘어다 보이는 H 사장의 방 안에도 나를 즐겁게 하는 이 햇빛 알갱이들의 무도회가 벌어지고 있겠지요. 이제 그 줄담배 좀 그만 피우고, 밖으로 나가 가벼운 운동을 하세요. 햇빛 알갱이들을 삼키세요. 그것들이 우리의 어두운 세포들을 비출 수 있도록 말입니다. 산에서 불어온 청명한 공기를 흠뻑 들이마시세요. 세포들이 와글와글 떠들며 즐기도록 말입니다.

정신 건강을 위해서는 가끔 시집을 펼쳐보도록 하세요. 내가 오늘 본 데이비드 로렌스의 시에 이런 구절이 있더군요. 들어보세요.

혁명을 하려면 웃고 즐기며 해라. 너무 진지하게 하지 마라. 그저 재미로 해라. 노동자 계급을 위한 혁명을 하지 마라. 우리의 자력으로 괜찮은 귀족이 되는 그런 혁명을 해라. …… 노동은 이제껏 우리가 너무 많이 해온 것 아닌가? 우리 노동을 폐지하자. 우리 일하는 것에 종지부를 찍자. 일을 재미로 하자. 그러면 일은 노동이 아니다. 우리 노동을 그렇게 하자! 우리 재미를 위한 혁명을 하자.

아주 재미있는 시가 아닌가요? 매출과 수익을 계산하고, 새로운 제품을 개발하며, 마케팅하고 판매하고, 시장의 움직임을 매의 눈으로 지켜보는 숨 막히는 야전 사령관의 막사에 놓인 한 권의 시집을 떠올리기 바랍니다. 그래요. 우리는 한 권의 시집과 포도주 한 병과 빵 한 덩어리만 가지고도 얼마든지 기쁠 수 있습니다. 그러니 서로 가지려고 싸우는 전쟁의 와중에도 놓아두고 나누는 정신을 키운다면 멋지다 할 수 있지 않을는지요.

요즘 빌 게이츠와 워런 버핏이 새로 세상에 내놓고 파는 것이 있습니다. 무언지 알겠는지요? 바로 기부입니다. 그들은 기부를 팝니다. 그들은 새로운 각성에 이르게 된 것이지요. 우연히 혜택 받은 사람으로 태어나 가장 부유한 사람들이 되었지요. 그러던 어느 날 가장 많은 삶의 혜택을 받은 사람으로서 인생에서 아무 혜택도 받지 못한 사람들의 삶의 이야기에 관심을 가지게 되었던 것이겠지요. 말하자면 어떤 정신적 도약을 경험하게 된 것이지요.

그들은 기부라는 나눔을 시작했습니다. 기부라는 새로운 비즈니스를 시작한 것이지요. 계몽된 부자들에게는 좋은 집과 멋진 자동차, 명품 가방이 더 이상 자랑거리가 아닙니다. 기부와 나눔이 그들의 특권에 대한 새로운 자부심을 보여줄 명품이 된 것입니다. 이때 그들은 세상의 부를 다 끌어모으는 탐욕스러운 부자에서 가지고 있는 부를 나누어주는 훌륭한 리더로 도약하게 되는 것입니다.

왜 이 사람들에게 이런 정신적 전환이 일어나게 된 것일까요? 사회의 의식 수준이 향상하고 있기 때문일 것입니다. 지난 100년 동안 기업은 가장 성공적인 조직이었습니다. 단순화된 기준으로 말해본다면 세계 100대 경제주체 중, 절반가량은 국가이고 나머지 절반은 글로벌 기업들입니다. 하나의 다국적기업의 규모가 웬만한 국가 하나의 경제 규모를 넘어서게 된 것이지요.

이 거대한 경제주체가 이윤만을 추구하는 이익집단으로 운용된다면 세계는 평화로워지고 인류는 행복해질 수 있을까요? 어림없는 일이지요. 미국 최대 회계 부정으로 파산한 엔론과 월드컴 같은 기업들이 속출한다면 불안하기 짝이 없는 일이지요. 따라서 영향력이 있는 사회적 집단, 예를 들면 정치가와 법률가,

NGO, 오피니언 리더 들이 사회와 환경에 대한 기업의 책임과 윤리성, 그리고 그 진정성을 다각도로 압박하고 촉구하기 시작했습니다. 사회의식의 향상은 기업가들의 각성으로 이어졌고, 영향력 있는 기업가들은 지속가능경영에 대한 의지를 천명하게 되었습니다.

그들은 지속 가능한 경영을 위해선 환경보전과 인권문제를 외면해서는 안 된다는 사실을 알게 되었고, 자신들에게 성공을 안겨준 사회에 기여하고 공헌해야 한다는 인식을 가지게 된 것입니다. 그리하여 기업의 공공성이 커지게 되었지요. 게이츠나 버핏은 늘 첨단과 선두에 서 있는 기업가들이었습니다. 그것이 그들의 성공 비결이었지요. 이번에도 그들은 가장 앞장서 탐욕의 비즈니스 세계에 나눔의 비즈니스를 재창조해내기 시작했습니다. 참 대단한 인물들이지요.

H 사장, 당신은 내가 만난 기업가들 중에서 가장 진정성이 강한 사람입니다. 그게 당신의 가장 큰 매력이며 강점입니다. 당신의 기업은 또 다른 당신이자, 당신의 자식이기도 하지요. 나는 당신의 기업이 진정성을 가진 멋진 기업이라고 생각합니다.

진정성이란 무엇일까요? 난 이 단어를 많이 쓰면서도 그 정의가 매우 어려운 단어임을 알게 되었답니다. 최근에야 이 진정성에 대한 좋은 정의 하나를 발견하게 되었습니다. 제임스 길모어라는 사람은 진정성을 "스스로의 이미지에 일치하는 내면과 외면의 조화"라고 규정합니다. 난 이 정의가 참 좋습니다. 외면적 이미지(outer image)와 내면적 자아(inner self) 사이의 일치가 일어나면 좋겠지만 사회적 인간은 그렇게 될 수 없어요. 가면을 벗는 순간 벌거벗는 것이 되니 문명사회에서 그렇게 벌거벗고 살 수는 없는 것이지요. 그러니 완벽한 일치가 불가능하기 때문에 외면적 이미지와 내면적 자아 사이의 적절한 균형과 조화가 중요한 것입니다.

나는 진정성이라는 키워드를 가지고 비즈니스의 발전 모델을 한번 생각해보았습니다. 가장 초보적 단계의 기업은 순수한 자본주의적 원칙이 지배하는 곳입니다. 경쟁이 지배 원리입니다. 서로를 동료라고 부르지만 실제로는 '그들'이라고 부릅니다. 노사의 갈등과 대립이 일반적이지요. 돈을 가장 많이 받는 사람과 가장 적게 받는 사람의 심한 불균형으로 도저히 서로 동료라고 부를 수 없는 것이지요. 대부분의 기업은 겨우 이 수준에 머뭅니다.

그다음 단계는 '운명 공동체'라는 인식을 나누는 기업입니다. 서로를 '우리'라고 부릅니다. 서로 동등한 동료로 인식하고 배려하는 문화 속에서 가장 많이 받는 사람과 가장 적게 받는 사람의 격차가 줄어들게 됩니다. 이 단계에 도달한 조직은 얼마 되지 않습니다. 이 정도만 되어도 직원들은 조직 안에서 마음껏 숨 쉬며 즐거운 마음으로 일할 수 있습니다. 그러나 운명 공동체는 자기가 속한 사회의 다른 부분과 배타적 관계에 이를 수 있습니다. 그래서 세 번째 단계로 진화합니다.

세 번째 수준에 오른 기업은 그 지역사회와 같은 방향을 바라보게 됩니다. 기업은 뿌리를 내린 지역사회의 도움으로 자신의 번영과 성장이 이루어졌다는 인식에 이릅니다. 자신의 부를 이루게 해준 사회에 대한 보답, 사회에 대한 책임, 사회와 함께하는 경영의 단계에 이름으로써 사회적 신뢰를 얻게 됩니다. 그리고 그 나라의 가장 존경 받는 기업으로 자라게 됩니다.

그러나 지역사회에 대한 공헌에는 국제사회와 마찰을 일으키는 국수주의의 위험과 인류에 대한 책임에서 소홀해질 가능성이 있습니다. 따라서 마지막 도약의 단계는 인류에 대해 책임을 지는 수준에 이르는 것이지요. 글로벌 기업은 세계가 안정되고 평화로울 때 최고의 조직 성과를 낼 수 있습니다. 기업은 진정성에 기초한 지속 가능한 경영의 원칙을 가장 중요한 가치로 삼게 됨으로써 사회적 선(善)의 철학을 가진 조직으로 도약하게 되는 것이지요. 이때 조직은 자신의 철학과 구체적 과업을 통해 인류에게 봉사하는 단계에 이름으로써 '세계적으로 존경 받는 기업'으로 자리 잡게 됩니다. 위대한 기업으로 진화한 것이지요.

이런 생각은 캐논의 회장이었던 가쿠 류자부로 같은 기업인들이 가지고 있던 생각입니다. 나는 찬성하고 지지합니다. H 사장 생각은 어떻습니까?

한국의 대표적인 주요 기업들 역시 지속가능경영에 대한 의지를 표명했습니다. 그러나 그것은 선언적 차원을 넘어서 일상의 현실과 생활이 되어야 합니다. 실제로 가장 큰 기업, 한 분야에서 가장 매출이 높은 글로벌 기업이라는 칭송보다는 얼마나 존경 받는 기업이며 누구나 근무하고 싶어 하는 기업인가가 훨씬 더 중요해졌습니다. 나는 이것이 올바른 방향이라고 생각합니다. 앞으로 기업이 진정한 사회적 존경을 받는 경제주체가 되려면 선언을 넘어 본업에서 스스로의 이미지에 걸맞은 내/외면적 조화를 반드시 이루어내야 합니다. 이것이 시대적 소명이 되었으며, 새로운 비즈니스 환경이 된 것입니다.

진정성이라는 관점에서 사회는 기업에게 구체적으로 무엇을 원하는 것일까요? 바로 존중을 원하는 것입니다. 직원에 대한 존중, 협력업체에 대한 존중, 고객에 대한 존중, 사회에 대한 존중, 인류에 대한 존중, 그리고 이 지구와 자연에 대한 존중을 요구하고 있는 것이지요. 이 중에서 가장 근간이 되는 시발점이 바로 직원에 대한 존중입니다. H 사장은 이 점을 누구보다 잘 알고 있는 분이 아닙니까?

직원에 대한 존중이 제대로 되면, 여기서부터 다른 협력업체와 고객에 대한 존중으로 확대되고, 이내 더 큰 주체에 대한 존중으로 커지지 않겠습니까? '직원에 대한 존중'이란 일과 삶의 균형을 통한 '행복한 직원'을 의미합니다.

〈포춘〉지가 선정한 가장 일하고 싶은 회사 1위에 오른 SAS라는 소프트웨어 회사는 아주 재미있고 소박한 믿음을 가지고 있습니다. "행복한 젖소가 더 많은 우유를 생산해낸다."라는 것이지요. 직원이 행복하면 고객이 행복하고, 사회가 행복하며, 따라서 인류의 행복에 기여할 수 있다는 믿음이지요. 그러므로 H 사장이 늘 말하는 직원 경영, 사람 경영이 변화의 핵심인 것입니다. 그것이야말로 건강하고 올바른 출발점입니다. 먼저 정신과 영혼을 다듬을 아카데미를 만드세요. 이 아카데미와 일터가 분리되지 않는 현장이 되게 하세요. 학교와 현장이 분리된 것이 사회의 모순입니다. 그러니 아카데미에서 다듬어진 정신이 일터에서 진정한 자아와 열정을 발견할 수 있도록 해야 합니다.

일터는 우리가 스스로를 알아가는 현장입니다. 헌신함으로써 자신을 찾아가는 모험에 참여하게 되었다는 것을 알게 해야 합니다. 일에서 기쁨을 발견하고 성과를 창조할 수 있도록 일과 관심사를 연결해주어야 합니다. 그러면 내면적 동기가 여름의 숲처럼 무성해집니다. 일터라는 대지에서 스스로가 심은 꿈이 쑥쑥 커나갈 때, 그 개인들은 그 숲을 이루는 건강한 나무라는 것에 자부심을 가지게 됩니다.

리더십이란 "우리가 함께 해냈다."라고 외치게 하는 것입니다. 모든 성공 뒤에 '우리'라는 명료한 실체가 있어야 합니다.

누구도 성공으로부터 소외되지 않고, 각자 그 성공의 한 부분일 때 '우리'가 만들어집니다. 회사는 직원의 성공 없이는 조직의 성공을 이루어낼 수 없습니다. 어느 한 사람도 조직을 위해 희생되어서는 안 됩니다. 희생이야말로 자발적 헌신을 막는 가장 비참한 단어이기 때문입니다. 그러므로 경영자는 직원에게 이렇게 자신 있게 말할 수 있어야 합니다.

"나는 당신의 희생을 원치 않습니다. 나는 당신의 행복과 성공을 원합니다. 그것을 원하는 사람들만 여기에 남으십시오."

헌신하면서 행복한 직원들만이 유일하면서도 차별적인 최고를 만들어냅니다. 사회적 선의와 본업을 통해 사회와 인류에 기여할 때, 우리는 그 기업을 위대한 기업이라고 부릅니다.

삶이 인생의 전부입니다. 그러니 매순간 살아 있어야 합니다. 삶은 과거처럼 이미 결정된 것도 아니고, 미래처럼 머릿속에 정형화된 완벽도 아닙니다. 삶은 지금이며, 생명의 출렁임이며, 거친 호흡이며, 구름처럼 불완전한 끊임없는 변이입니다. 그래서 흥미롭습니다. 이 긴 편지를 쓰며 당신을 생각합니다.

12

대범하고 거침없이 다시 그대에게

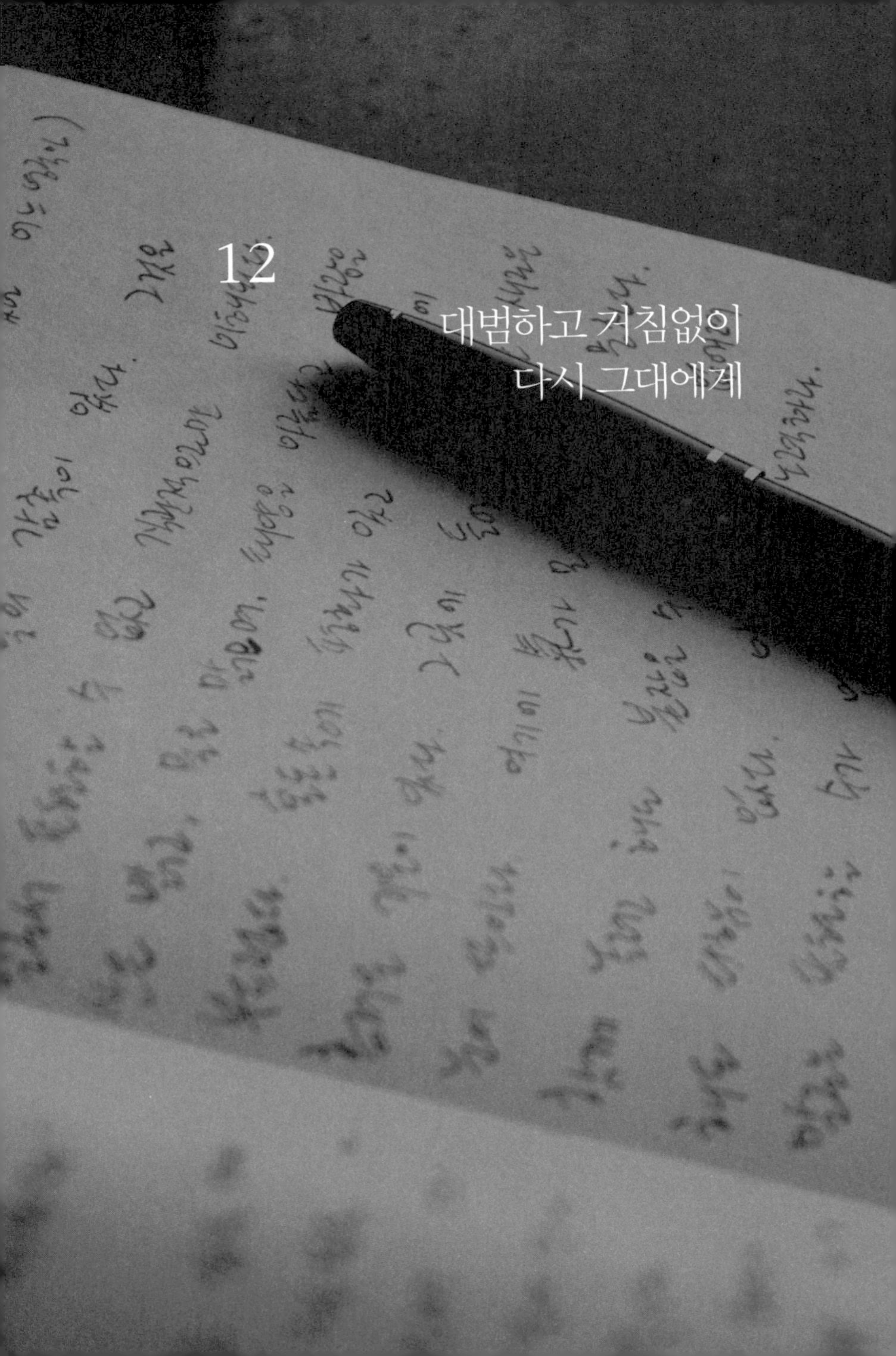

겨울이 끝나갈 무렵, 봄이 벌써 와 있는 즈음에 나는 피렌체와 로마를 다녀왔습니다. 이탈리아 반도는 이미 봄기운이 가득했습니다. 푸른 밀과 들풀로 덮여 있는 넓은 롬바르디아 평원을 차로 달릴 때에는 봄의 한 가운데에 와 있다는 것을 실감했습니다. 맨발에 그 부드러운 싹들이 밟히는 듯했지요. 이윽고 차는 아름다운 토스카나 지방의 주도(州都)인 피렌체에 도착했습니다. 내 마음은 뛰었습니다. 나는 오래전부터 꽃의 도시 플로렌스(피렌체의 영어 이름)에 와보고 싶었기 때문이지요.

이 도시를 아끼고 아껴두었지요. 유럽을 다 돌면서도 이탈리아 반도의 몇 개 도시들은 늘 가보지 않은 그리움의 대상으로 남겨두고 그 옆을 스쳐 지나가곤 했으니까요. 나는 인류의 문화로 가득한 도시들을 몇 개 남겨놓음으로써 늘 가슴에 여행에 대한 신선함과 호기심, 그리고 보지 못하고 알지 못한 욕망을 남겨두었어요.

피렌체 구경은 산타 크로체 성당에서부터 시작했습니다. 그곳은 피렌체 르네상스를 이끈 수많은 인물의 유해가 잠들어 있는 곳이었지요. 단테와 레오나르도 다 빈치의 영묘도 그곳에 있습니다. 그러나 이 두 사람의 관은 비어 있지요. 왜냐하면 단테는 살아생전에 피렌체에서 추방되었는데 죽어서도 돌아오지 못했기 때문이고, 다 빈치는 프랑스 왕 프랑수아 1세의 초청으로 프랑스 남부 앙부아즈 교외에 있는 클루 성에서 만년을 보내다 그곳에서 죽었기 때문입니다. 유명한 〈모나리자〉가 파리의 루브르 미술관에 떡하니 걸려 있는 이유도 그가 만년에 자신을 초빙한 프랑스 왕의 호의에 대한 보답으로 선사했기 때문이었습니다.

그곳을 돌아보며, 역사는 결국 인물이고 인간일 수밖에 없음을 뼈저리게 느꼈습니다. 유한한 인간들의 무한한 투쟁, 이곳에 잠들어 있으나 그 업적으로 삶의 유한함에 도전한 인물들의 영혼에 감읍하며 팡파르 소리가 나를 깨울 때까지 그 계단 앞에서 넋을 놓고 서 있었지요. 산타 크로체 성당 앞 광장에서는 마침 밸런타인데이에 맞추어 한창 초콜릿 장이 열리고 있었는데, 흥을 돋우기 위한 퍼레이드가 팡파르 소리에 맞춰 시작되었습니다.

광장의 왼쪽으로 웅장한 도서관 건물을 지나 아르노 강을 끼고 메디치가의 사무실 공간이었던 우피치 회랑으로 발길을 돌렸습니다. 지금은 우피치 미술관으로 쓰이고 있지요. 이곳에도 열주마다 르네상스 거장들의 석상들이 즐비하게 서 있었습니다. 페트라르카, 보카치오, 단테, 마키아벨리, 미켈란젤로, 갈릴레이, 다 빈치, …… 나는 그 이름들을 스치며 그 얼굴과 자태를 쳐다보았습니다. 이름만으로 르네상스를 느끼게 했던 거장들의 숨결을 이렇게 가까이에서 느껴본다는 것이야말로 여행만이 줄 수 있는 현장의 기쁨이 아닐는지요.

이윽고 나는 로렌초 일 마니피코(Lorenzo il Magnifico, 1445년경~1510)의 초상 앞에 섰습니다. 손목 부분에 털을 댄 부유한 복장을 하고 있으나 참으로 못생긴 특이한 얼굴의 한 인물 앞에 서 있었지요. 르네상스 예술가의 전기로 유명한 조르조 바사리가 그린 초상화인데 썩 잘 그린 그림은 아닙니다. 이 사람이 바로 유명한 메디치가의 로렌초입니다. 마키아벨리가 그를 두고 '운명으로부터, 그리고 신으로부터 최대한의 사랑을 받은 사람'이라고 쓴 바로 그 사람입니다.

그는 할아버지 코시모 데 메디치(Cosimo de Medici, 1389~1464)로부터 남다른 유산을 물려받았지요. 할아버지 코시모와 손자 로렌초의 재력과 지원이 없었다면 피렌체에 그 많은 천재가 몰려

들지도 않았을 것이고, 이 도시가 당시로서는 꿈꿀 수도 없는 웅장한 규모의 르네상스 발상지가 되지도 못했을 겁니다. 이 초상화 앞에서 나는 당신을 생각했습니다. 당신은 경영자이고 돈도 많이 벌었지요. 그 많은 돈을 어디다 쓸 것인지요?

하나의 일화를 생각합니다. 들어보세요.

> 거의 사흘마다 바람이 불어서 비둘기집 지붕이 날아가 버리고, 세금을 내기 위해 가축을 처분해야 했습니다. 태풍이 불면 포도밭이 엉망진창이 되지 않을까, 과수원은 어떻게 되어 있을까 하는 걱정 때문에 안심하고 창작에 전념할 수 없습니다. 이럴 바에는 차라리 가난 속에서 죽는 편이 낫겠습니다.

이탈리아의 르네상스 조각가 도나텔로(Donatello, 1386~1466)는 자신의 후원자인 메디치 가문으로부터 농장을 기부 받았는데, 얼마 후 그는 그 농장을 다시 메디치가에 돌려주었습니다. 그 이유가 바로 위에 적어둔 내용입니다.

코시모 데 메디치는 피렌체의 르네상스를 후원한 메디치가의 참주였지요. 그는 특히 도나텔로를 극진히 아껴 자신이 죽은 후에도 도나텔로가 생계를 걱정하지 않고 창작에만 전념할 수 있도록 피렌체 교외의 농장을 하나 도나텔로에게 주라고 유언을 했답니다. 코시모의 아들 피에로는 그 유언을 지켜 도나텔로에게 농장을 주었지만, 그는 예술가였지 농장주는 못 되었던 모양입니다. 결국 피에로는 다시 그 농장을 돌려받고 그 대신 매달 그 농장에서 들어오는 수입만큼을 그의 계좌에 넣어주게 했답니다. 도나텔로는 이 조치에 진심으로 고마워했지요.

그 후 도나텔로는 1466년에 세상을 떠나면서 코시모 데 메디치 무덤 옆에 자신을 묻어달라고 유언했습니다. 피에로는 이 약속도 지켰습니다. 지금도 피렌체에 있는 산 로렌초 교회의 메디치 가문 묘지에 코시모와 도나텔로는 나란히 묻혀 있습니다. 감동적이지요? 삶과 죽음 모두를 나눈다는 것은 축복입니다.

코시모 데 메디치는 이렇게 말했지요.

"나는 이 도시의 기분을 알고 있다. 우리 메디치가가 쫓겨나는 데 50년도 걸리지 않을지 모른다. 하지만 사람은 가도 물건은 남는다."

실제로 그의 예상대로 메디치가가 피렌체를 이끈 시기는 60년 정도에 불과합니다. 로렌초가 죽은 후 메디치가는 파산하고 피렌체는 반종교개혁에 시달리게 되니까요. 그러나 그의 말대로 500년이 지난 지금도 피렌체는 관광객으로 붐빕니다.

바로 여기에 잊을 수 없는 역설이 있습니다. 우리가 보는 것은 남겨진 물건뿐 아니라 그 물건을 만든 위대한 인물들이라는 점입니다. 시뇨리아 광장에서 그 유명한 〈다비드〉 조각상을 보면서 나는 스물세 살의 미켈란젤로를 생각합니다. 코시모와 도나텔로의 묘지를 보며 그 속에 나란히 묻혀 있는 그 사람들을 생각합니다. 그들은 웃고 있군요. 신으로부터, 또 운명으로부터 많은 사랑을 받은 사람들이니까요.

꽃의 도시 피렌체를 떠나면서 내 가슴은 감동과 그리움으로 가득했습니다. 500년 전 그 도시의 규모를 훨씬 뛰어넘는 그 웅장함과 아름다움 때문이었지요. 도시 자체가 걸작이었고, 그 도시의 건축물들은 어디서도 구할 수 없는 진귀한 예술품으로 가득 채워져 있었으니까요.

로마로 내려갔습니다. 내 생각에 지금이 로마를 둘러보기에 가장 적절한 때가 아닌가 합니다. 이유는 하나입니다. 가장 사람이 적을 때이기 때문이지요. 바티칸 박물관 앞에서 기다리지 않고 순식간에 그렇게 빨리 입장할 수 있는 시기는 이때뿐이거든요. 모든 사람이 가장 와보고 싶어 하는 곳, 말도 많고 탈도 많았던 교황 레오 10세가 이탈리아 전역을 뒤지고 발굴하여 모은 그리스·로마의 작품들을 산더미처럼 쌓아놓은 곳이랍니다. 다른 어디와도 비교할 수 없을 만큼 압도적입니다. 숨이 콱 막히는 질과 규모입니다. 한참을 휘돌다 로마의 거리로 나왔습니다. 언젠가 1년쯤 로마에서 살면서 100번쯤 이 박물관을 들락거려야겠다는 생각만을 품고 나왔지요. "언젠가 오래 둘러보리라." 이것이 바티칸에 대한 내 소감입니다.

로마의 거리를 걸으면서 문득 한 사람이 생각났습니다.

세계에서 보편적인 도시는 유일하게 이 도시밖에 없다. 각 나라 각 지방의 특이성이나 차이점 따위는 전혀 개의치 않는다. 많은 외국인들이 모여 살고 있는데, 마치 조국에서 사는 것처럼 생활하고 있다. …… 각자의 재력과 지위에 따라 자유롭다. …… 이 도시에서는 프랑스인은 프랑스풍으로, 에스파냐인은 에스파냐풍으로, 독일인은 독일풍으로, 이탈리아의 각 지방 출신들도 각자 제 고장의 독특한 차림을 하고 있지만, 서민들조차 그 차이에 주의를 기울이지 않는다. 주의를 기울이지 않지만, 거지는 상대의 옷차림으로 그의 출신지를 알아차리고, 그 나라 말로 "한 푼 줍쇼."라고 말을 건다.

이 글은 16세기 '프랑스의 소크라테스'라고 불리는 몽테뉴가 쓴 《여행일기》 속에 나오는 로마에 대한 묘사입니다. 그는 로마에 잠시 머물면서 당시 교황인 그레고리우스 13세의 아들인 소라공작—성직자도 아들이 있다는 사실이 무척 로마적이지요—을 통해 연줄로 로마 시민권을 얻게 되었다고 합니다. '실질적인 이익은 없는 단순한 칭호'지만, 로마 시민권을 얻은 다음 당시 최고의 모럴리스트인 몽테뉴도 "옛날의 영광과 위대함에 대한 신성한 기억을 불러일으키는 칭호"라며 대단히 기뻐했다고 합니다.

영원한 도시, 그 압도적 풍광으로 나를 전율하게 한 로마의 시가지를 돌아보며 깨닫게 됩니다. 다양성의 존중이란 참아야 하는 갈등과 불편이 아니라, 특이성과 차이에 대하여 전혀 개의치 않는 대범한 정신이라는 것을. 사방으로 뻗은 로마의 대로를 통해 바람이 거침없이 통하듯 자연스럽고 대범하게 세상을 인식한다는 것이지요. 아무렇게나 되는대로 사는 것처럼 보이지만 바로 이 대범함, 이것이 바로 유일하게 보편적인 도시인 로마의 특색이라는 것입니다. 거지만이 한 푼 얻기 위해 그 차이점에 주목할 뿐이지요.

"아리오소(arioso), 대범하고 거리낌 없이"라는 말은 영원한 로마의 정신을 가장 훌륭하게 대변하는 단어입니다. 오늘 생각합니다. 자기 경영은 바로 세상에 대한 아리오소입니다. 모든 방향에서 불어오는 다양한 바람에 몸을 싣고 자유로운 영혼으로 사는 것입니다. 인생은 날아오르는 것이며, 솟구치는 것이며, 마음을 좇는 것이며, 새로운 차원과 공간을 모색하는 것입니다. 그것은 4차원과 5차원을 지향함으로써 경계를 넘어 새로운 정신세계를 구축하는 것입니다.

나는 당신이 르네상스인이었으면 좋겠습니다. 문화와 예술에 당신의 부를 모두 쓰고 죽었으면 좋겠습니다. 역사는 결국 사람일 수밖에 없습니다. 자기 경영은 바로 내 속에 묻혀 있는 인간을 일으켜 세우는 것입니다. 이것이 바로 르네상스지요.

13

신이여 저를 다 쓰소서

해가 바뀌고 새해가 겨우 시작되었습니다. 문득 당신에게 편지를 쓴 것이 참으로 오래되었다는 것을 알게 되었습니다. 어렸을 때는 간절한 갈구가 있었겠지요. 아마 그때 작은 두 손을 모으고 무엇인가를 이루게 해달라고 기도했겠지요. 그 후 제 기억 속에 당신께 편지를 쓴 일은 없는 모양입니다. 아마도 삶이 간절하지도 않았고, 지독히 슬픈 일이 생기지도 않았으며, 사나운 고통이 심장을 갉아먹지도 않았던 모양입니다. 그러니 당신을 찾지 않았겠지요. 슬픔과 고통 속에서 그 무기력의 절망에 닿지 않고는 당신의 발밑에 꿇어 엎드려 통곡하지 못하는 것이 인간이 아니던가요?

"자신의 비참함을 알지 못하고 신을 아는 것은 오만을 낳고, 신을 알지 못하고 자신의 비참함을 아는 것은 절망을 낳는다."

는 사실은 파스칼에게만 진실이 아닐 것입니다. 그러나 한편 커다란 슬픔과 고통 없이 지금껏 세상을 살아올 수 있도록 허락하신 당신께 얼마나 감사한지 모릅니다. 인생이 비교적 편안했기에 저는 당신을 알지 못했고, 그 긴 세월을 당신 없이 살았던 것입니다. 그 자체가 바로 축복이었음을 또한 알게 됩니다.

당신이 보내주신 사제와 포도주를 마시다 보니 날이 저물고 눈이 내리기 시작했지요. 이내 펑펑 쏟아져 온 천지가 하얗게 변하고 말았습니다. 이때 마음속으로 운명처럼 신앙의 길을 걷겠다고 약속했으니 그 과정은 느닷없는 것이었으나 가장 '저다운 방법'으로 제게 은총을 베풀어주신 것이 아니었나 생각합니다. 슬픔이 눈물로 흘러 등에 고이고 고여 등이 굽은 여인이 당신의 발밑에 엎드려 있을 때, 당신은 그녀의 등을 펴주셨고, 평생 땅밖에 보지 못했던 그녀는 등이 펴지자 비로소 하늘의 별들을 보게 되었습니다. 하늘의 별, 그것이 당신의 얼굴이 아니던가요. 이 이야기를 듣다가 문득 모든 것은 미리 쓰여 있는 것이니 때가 되면 감이 떨어지듯 그 일은 생기게 마련이구나 했습니다. 그것이 당신께서 역사하시는 방식이니까요.

제 손을 잡으시고 그날 밤 함께 눈길을 걸어 내려오신 것을 기억합니다. 믿음의 생활을 한다는 것이 무엇인지 어렴풋이 알기에 새로운 생활에 대한 두려움이 있습니다. 스스로 약속한 것이니 마음으로 반드시 지켜야 할 텐데 스스로 존중하는 사람이 될 수 있을지 염려됩니다. 사람과의 약속은 겉과 속이 달라도 지켜지면 되는 것이나, 믿음의 생활을 하는 것은 자신 안에 신을 모시는 것이니 유리처럼 투명할 것입니다. 그러니 어찌 두렵지 않겠습니까? 당신께서는 이미 제 마음을 아시니 이 두려움을 어루만져주실 것을 믿습니다.

요즈음 단테에 관한 책을 읽고 있습니다. 당신을 알고 싶어서입니다. '은총이 가득한 성모 마리아'는 인생의 중반에 길을 잃고 어두운 숲 속을 헤매는 단테를 불쌍히 여겨, 성녀 루치아에게 그를 도와주라고 하시지요. 다시 성녀 루치아는 단테의 아름다운 연인이었던 베아트리체에게 그를 돌보라 하고, 이윽고 베아트리체는 시인 베르길리우스에게 단테를 인도해줄 것을 부탁합니다. 이 복잡한 과정을 거쳐 베르길리우스는 두려워 떠는 단테의 스승이 되어줍니다. 《신곡(La Divina Comedia)》에서 이 장면을 이렇게 묘사합니다.

> 밤의 찬 기운 서리에 움츠린 꽃이
> 하얀 햇살에 깨어
> 모두 일어나 줄기 위로 피어나듯이
> 마음에 용기가 솟구쳐
> 두려울 것 없는 사람처럼 나는 말했노라
> 은총 가득하여 나를 구하신 성모님

그리고 그가 이르신 부탁을 서둘러 따르신 당신의 마음

이윽고 베르길리우스는 단테를 데리고 지옥문에 이르게 됩니다. 그 문에는 이렇게 쓰여 있습니다.

나는 슬픔의 도시로 가는 입구이며,
영원한 비탄으로 가는 입구이며,
멸망한 자들로 향하는 문이니라.
……
여기에 들어오는 자 모든 희망을 버려라.

단테가 두려움에 떨 때, 베르길리우스가 단테의 마음을 어루만져줍니다.

스승은 내 손을 잡아 그 위에 자신의 손을 얹고
환한 표정으로 힘을 북돋워주며
나와 함께 들어섰다, 비밀의 장소로

그렇게 단테의 정신적 모험은 지속됩니다. 단테의 《신곡》을 읽으며, 그 긴 세월 동안 사람들이 당신을 어떻게 생각하고 느끼고 감복해왔으며, 당신의 뜻이 어떻게 이 땅 위에서 펼쳐지는

지를 느껴보게 되었습니다. 저는 그동안 '눈뜬' 믿음을 원해왔나 봅니다. 신에 대한 믿을 수 있는 근거, 객관적 확실성을 가진 증거들을 찾아 그것들이 저를 당신에 대한 믿음으로 이끌어주기를 바랐던 모양입니다. 그러나 그런 일은 벌어지지 않았습니다. 확실한 것을 따라 걷는 것은 재미없습니다. 인생 전부를 건 모험이 되지 못하니까요. 신앙이란 믿을 수 없는 지점에서 믿는 것이며, 영적 모험은 바로 이렇게 시작된다는 것을 어렴풋이 깨닫게 된 것입니다.

파스칼은 《팡세(Pensées)》에서 당신이 어떤 분인지 이렇게 전해줍니다.

> 신은 그를 찾는 이에게는 그 자신을 온전히 드러내고
> 명확히 나타나기를 원하는 반면,
> 진심으로 피하기를 원하는 사람들에게는 자신을 감추기를 원한다.
> 그를 찾는 사람은 그를 알 수 있고
> 그를 찾지 않는 사람은 그를 알 수 없다.
> 오직 보기를 원하는 자에게는 충분한 빛이 있고,
> 이와 반대되는 마음을 가진 자에게는 충분한 어둠이 있다.

정말 그렇습니다. 제가 그동안 당신을 찾지 않았을 때 당신은

어디에도 없었습니다. 그러나 문득 바람처럼, 달빛처럼 제가 당신의 존재를 느끼자 당신은 온 세상에 가득하십니다. 1년 내내 피지 않았던 난꽃이 제 생일에 맞추어 피었습니다. 그날 그 눈이 쏟아진 것은 오직 저를 위해서였습니다. 오지 않던 전화가 걸려온 것도, 뜻밖의 선물이 예기치 않은 순간에 전달된 것도, 모두 당신의 현존입니다. 어찌하여 우리는 이렇게 달라지는 것인지요. 오직 보기를 원하면 도처에 불빛이 켜지고 모든 우주가 밝아집니다.

저는 한 번도 당신께 저의 마음을 전해본 적이 없습니다. 인생의 절반을 넘게 살고 나서야 이렇게 당신께 처음과 다름없는 편지를 쓰게 되니 느닷없고 쑥스럽습니다. 그러나 이것이 저의 변화이고 회심(悔心, 메타노이아)이 아닐는지요. 오늘 또 다시 눈이 내리기 시작하는 아침, 당신께 앞으로 살고 싶은 삶에 대하여 세 가지 뜻을 적어봅니다.

저는 당신의 영광을 위해 창조되었음을 제가 믿으니 몸과 마음을 아름답게 가꾸도록 하겠습니다. 저에 대한 탐욕을 줄이고, 마음의 평화를 지키며, 낮은 정신으로 살도록 애쓰겠습니다. 게으름을 피우지 않고 날마다 공부하고 좋은 생각으로 하루를 지내도록 애쓰겠습니다. 날마다 나아지는 것이 당신이 보시기에 좋은 일이니 날마다 새로워지고 날마다 좋은 사람이 되도록 애쓰겠습니다. 우연히 저는 '어제보다 아름다워지려는 사람'이 되겠다는 생각을 갖게 되었고, 지난 10년간 이 생각을 가지고 살아올 수 있어 얼마나 다행이었는지 모릅니다. 이제 '시처럼 산다.'라는 생각을 갖게 되었습니다. 그것은 별처럼 사는 것입니다. 저는 사람들이 저마다 별이라고 믿고 있습니다. 크든 작든 그 자리에 있어야 할 별 말입니다. 별이 되는 것, 그것은 시처럼 사는 것이니 당신의 뜻대로 사는 것일 겁니다.

제가 날마다 엎드려 기도하게 도와주십시오. 이제 기도하오니 제가 작은 별이 되어 하늘의 영광을 빛내게 도와주십시오. 저를 힘껏 당기셔서 멀리 가게 도와주십시오. 제가 두려워하더라도 용기를 주십시오.

저는 또한 가정이 사랑으로 충만하도록 애쓰겠습니다. 저에게 주어진 작은 공간이지만 진심으로 사랑하고 진심으로 서로에게 힘이 되는 가정을 만들어갈 수 있도록 힘을 다하겠습니다. 모두 가정을 마음에 두고 있으나 가정에서 상처 받는 사람들이 너무도 많습니다. 고슴도치도 새끼를 사랑하고 마음이 험한 자도 자신의 여인을 아끼는 마음이 있으니, 사랑이 없어서가 아니라 사랑하는 법이 서툴러서 그럴 것입니다. 저 또한 종종 가족에게 상처를 준 적이 있을 것이니 용서 받기를 바랍니다. 늘 따뜻하고 넓은 마음으로 새로운 사람을 받아들이고 그들의 기쁨을 위해 애쓰도록 하겠습니다. 따뜻함이 따뜻함을 낳고 사랑이 사랑을 낳는다는 것을 늘 기억하고 애쓰겠습니다.

은총이 가득하신 분이시여, 작은 가정에서 사랑을 배우고 익히며 실천할 수 있도록 도와주십시오. 어느 때라도 서로 깊이 사랑할 수 있도록 이 기도를 들어주십시오. 이 사랑이 또 다른 사랑으로 이어져 너울너울 세상으로 퍼져가도록 도와주십시오.

저는 또한 제 길을 열심히 가겠습니다. 그것이 소명이기 때문입니다. 저에게 주신 재능을 다 쓰고, 제게 맡기신 이 세상에서의 역할을 마다하지 않고, 당신이 주신 재주를 남김없이 다 발휘하여 주변 사람들이 자신에 대한 희망을 갖도록 돕겠습니다. 더 많은 사람들이 스스로 마음에 소명을 일깨우고, 더 많은 사람들이 새로운 사람으로 스스로 바뀌며, 더 많은 사람들이 기꺼이 다른 이들의 행복에 참여하도록 도와줄 수 있기를 바랍니다.

이제 다시 당신께 엎드려 기도합니다. 더 많은 좋은 생각들이 퍼져 나가게 저를 도구로 써주십시오. 이 세상의 슬픔을 줄이고 기쁨을 더하기 위해 저를 작은 도구로 써주시기 바랍니다. 힘껏 써주시기 바랍니다.

이제 마지막으로 한 가지를 기도합니다.

저를 힘껏 당기소서.

부러질 것 같아 두려워하더라도

저를 당기소서.

받은 것을 다 소진하고 당신의 품으로 되돌아갈 수 있도록

저를 남김없이 다 쓰소서.

그리하여 저의 모자람에 절망하게 하소서.

그러나 당신께 절망하지 말게 하소서.

14

나에게 쓰는 마지막 편지

21세기가 시작된 지 10년이 지나갔다. 그동안 나는 회사를 나왔고, 1인 기업가가 되었으며, 스스로를 변화경영전문가라고 불렀다. 명함에는 '우리는 어제보다 아름다워지려는 사람을 돕습니다.'라고 새겼다. 10년 동안 14권의 책을 썼고, 그전에 썼던 3권을 더하면 모두 17권의 저자가 되었다. 그리고 200명 정도의 사람들과 개인적으로 교류하게 되었다. 10년의 결산으로 나쁘지 않다.

여름을 갓 넘긴 바로 이쯤에서 나는 나를 되돌아본다. 여름의 무성함으로 다시 전환을 모색해야겠다. 어떻게 할까? 나는 내게 편지를 쓰기로 한다. 내 속에는 늘 내가 아닌 또 다른 내가 살고 있었으니, 앞으로 10년은 내 속의 나와 화해하고 깊어지는 시간이었으면 한다. 편지란 얼마나 사적인 것이냐. 나도 내게 혹은 나의 무의식에게 가장 친밀한 사람으로 남고 싶다. 나를 내게 보낸다.

여름은 모든 것을 살려놓는다. 자연은 이때 극성의 정점에 다다른다. 너는 늘 여름처럼 살고 싶다고 했다. 네게 편지를 쓰면서 나는 생각해보았다. 아주 오래전 에페수스를 고향으로 여기는 한 사내가 있었지. 그 사내는 "모든 것은 흐른다."라고 말했지. "판타 레이(panta rhei)."란 말로 그는 유명해졌지만, 그 말은 또 그에 대해 얼마나 많은 오해를 낳게 했던가!

그는 성격이 까칠한 '울고 있는 철학자'였지. 그가 썼음직한 책들은 남아 있지 않으니 어떤 인물이었는지 잘 알 수는 없다. 그저 사람들의 입에 오르내리며 다른 사람의 입을 통해 인용된 100개 정도의 문장으로 그를 유추할 뿐이다. 그러니 오해도 많겠지. 과거는 언제나 일어난 그대로 전달될 수 없는 것이니까. 과거의 가장 일상적인 것조차 지금 보면 기괴하기 이를 데 없는 일이 되고 마니 내가 그를 그 자신처럼 이해할 수는 없는 일이지. 그저 지금의 나의 입장에서 그를 바라보고 유추할 뿐이다. 그러니 이미 그는 사라져버린 것이다. 그 역시 흘러가버린 것이다. 그게 바로 이 사내의 주장이기도 했다.

어쨌든 이 사나이 헤라클레이토스에 따르면, 만물은 대극적 가치를 가지고 있다는 것이야. 하나는 숨어 있지. 여기 한 생명이 태어나는 순간 죽음이 시작되지만 죽음은 삶에 가려 숨어 있지. 그러다가 어느 덧 삶이 저물기 시작하면 죽음은 점점 더 확실한 존재로 삶을 압박하게 된다. 그러니 죽음이 어느 날 갑자기 찾아온 것이 아니야. 그것은 언제나 삶 속에 숨어 있었고, 삶이 익어감에 따라 그것도 익어가고 있었던 것이야. 그게 그가 하고 싶었던 이야기이기도 하지.

그 후 헤겔에 이르러, 그 자신이 그것을 인정하든 말든, 그는 이 사내의 생각을 물려받았지. 그의 변증법은 바로 이 이야기가 아닐까. 하나가 있고, 그것이 익어가면 그 속에 숨어 있던 잠재된 대극적 가치가 서서히 정체를 드러내고, 둘은 갈등하고 투쟁하게 된다는 것이지. 그러다가 안팎이 뒤집히고 양상이 엎어져 숨어 있던 것이 표면으로 솟아오르고 겉의 것이 안으로 숨어들게 되지. 이것이 반(反)이야. 그리고 다시 이것에 반(反)하여 또 숨어 있던 잠재성이 다른 방향으로 솟아오르면서 처음과는 또 다른 변종이 생겨나게 되는데, 이 과정은 영원히 계속된다. 그렇다고 반복되는 것은 아니야. 객관 정신이라는 이성이 진화하는 과정이기 때문에 처음으로 되돌아가는 법은 없어. 우리는 변화하는 거지. 끊임없는 변화, 그건 불과 같은 것이야. 모든 것을 자신의 밑구멍으로 쓸어 넣어 땔감으로 삼아 영원히 살아 있는 생명체가 되고 싶어 하는 불, 그리하여 이 사내 헤라클레이토스에게 만물의 근원은 불이 되었지.

내가 그의 이야기를 길게 한 이유는 내 속에 네가 오래 들어 있었기 때문이야. 너와 나는 서로 대립되는 쌍이었지. 네가 하고 싶어 하면 나는 말렸지. 넌 너무 극단적이었거든. 나는 현실을 살아야 했고, 너는 살고 싶은 대로 살려고 했어. 나는 회사를 나오기 위해 준비하고 또 준비하여 만만찮은 세상에 대비하라고 했고, 너는 당장 떠나 하고 싶은 일을 하라고 핏대를 올렸지. 사는 게 사는 것이 아닌 삶을 살고 있는 나를 모욕했지.

젊은 날 그녀가 떠날 때도 나는 점잖게 그녀의 행복을 빌어주고 뒤돌아 아무도 모르는 곳에 가서 울려고 했지. 그때 너는 뭐라고 했는지 알아. 가서 그녀를 죽여라. 네 사랑을 버리고 떠난 그 사랑을 응징하라고 유혹했지. 사랑이 그렇게 쿨한 것인 줄 아는가? 이 세상에 쿨한 사랑은 없어. 울고불고 지랄을 해야 그게 사랑이라고 말이지.

언제나 너는 그런 투였지. 아, 흥분하지 마라. 그래, 네 말대로 나는 가면이고 너는 진짜 내 얼굴이라는 것을 알고 있지. 나는 그저 그 긴 세월을 지탱해온 시시한 일상이고, 너는 진정 나답게 되는 선봉장이었지. 내가 살면서 위대한 결정을 몇 번 했다면 모두 네 덕이라는 것을 알고 있다. 고등학교 3년간 해왔던 이과 공부를 때려치우고 재수하면서 문과로 전환한 일, 20년 다니던 회사를 훌훌 떠나 인생의 중반에 새로운 길을 찾아낸 것, 한 번도 해본 적이 없는 작가라는 직업을 선택한 것은 모두 네

덕이야. 내 인생의 별난 변곡점에는 늘 네가 있었지. 그렇다고 우쭐해할 것은 없어. 네가 다 잘한 것은 아니니까.

너는 그저 갈림길이 나타나면 벼락같은 호령으로 나를 주눅 들게 하거나 금단의 열매를 먹이는 이브처럼 과즙이 줄줄 흐르는 달콤하기 이를 데 없는 목소리로 나를 유혹했지. 나는 이미 너의 교활하고 믿을 수 없는 변덕에 수없이 상처 입었지. 그래, 이렇게 털어놓으니 마음이 편하구나. 진작부터 나는 너에게 긴 편지를 써두려고 했어. 나중에 네가 딴소리를 못하도록 말이야. 넌 늘 천연덕스러운 표정으로 '언제 내가 그랬지. 그건 너의 착각인 듯한데.' 하고 미소를 흘리며 나를 쳐다보곤 했다. 한두 번 속은 게 아니야.

그날 아침 나는 내가 쓴 글에 도취해 있었지. 뭐 대단해서라기보다는 왜 연주자가 종종 자신의 연주에 황홀한 몰입을 하는 것처럼 말이야. 글이 글을 이끌고 내가 아닌 내 속의 무엇인가가 저절로 나보다 훨씬 큰 우주적 존재의 생각을 대변하듯, '저절로 흐르나이다'라는 영혼의 뽕맛을 즐길 때쯤이면, 네가 슬며시 찾아와 '그래, 넌 이 일을 위해 태어났는지도 몰라. 천재가 별건가. 늦게 빛을 보기 시작하는 숨겨진 수재지. 진짜 인간 승리지. 그래 열심히 해. 그래그래 잘하고 있어.'라고 부추겼지. 그때 네 표정은 얼마나 진지하고 열의에 차 있었는지.

그러나 나는 알게 되지. 대단한 필력을 가진, 진짜 질투 나게 하는 글의 힘을 보여주는 사람의 글을 읽고 스스로 나의 자리로 물러설 참이면, 그때 그 교활하고 죽이고 싶은 네 얼굴이 문틈 사이로 빼꼼히 나를 쳐다보며 묘하게 웃더란 말이야.

"야, 이제 네 정체를 알았지? 더없이 평범한 네 능력을. 누가 너더러 타고난 글쟁이라고 하든? 어쩌면 아무도 네 글을 읽어주지 않을지 몰라."

난 너의 야유에 미칠 것 같았지. 네게 속은 것이 한두 번이 아니었지. 넌 날 늘 혼동과 의심으로 몰아넣었거든. 그러나 여기서 그만하자. 오늘 너와 싸우려는 것은 아니니까. 이제부터는 너와의 대화를 일일이 기록하여 네가 나중에 딴소리를 하지 않도록 해야겠어. 아무튼 잘 지내보자는 것이니까 너도 이해하고 동의해주었으면 좋겠는데 어떠신가?

난 이제 2010년의 중반에서, 이 무성한 여름의 한복판에서, 앞으로 10년을 너와 잘 지내보기 위한 계획을 세우고 싶다. 내 생각을 들어봐. 사실 이 생각 중에 꽤 많은 것은 너로부터 생각해낸 것이니까 날 지지해주는 것이 어렵지 않을 거야. 그리고 네게 많은 것을 바라지 않는다. 딱 두 개다. 다 읽고 서명하도록 해라.

첫째, 나는 한쪽 끝에 서 있을 테니 너는 반대쪽 끝에 서 있어라. 그러나 우리의 목적은 투쟁과 전투가 아니라, 혼자서는 볼 수 없는 두 개의 시선을 가지고, 일상생활의 제한된 지평을 넘어 세계를 보고 더 넓은 전망과 전체를 조망하기 위해서다. 철학이란 전체를 보는 것이니까. 나는 현실을 볼 테니, 너는 이상을 보아라. 나는 사회를 볼 테니, 너는 개인의 욕망을 보아라. 나는 늘 깨어 의식할 테니, 너는 늘 잠자며 원형의 무의식으로 남아 있어라. 나는 부드러운 웃음의 가면이 될 테니, 너는 가면 뒤에 숨어 있는 진심이 되어라. 우리 기억하자. 존재하는 것 속에 존재하지 않는 것이 있으며, 때가 되면 보이지 않던 것들이 은폐에서 벗어나 스스로를 햇빛 속에 비추게 될 것임을. 모든 대극적인 것은 '잠재적 관계'로 서로 동반하는 것이니, 화해는 투쟁의 한가운데 있음을 명심하자.

둘째, 우리는 인간의 변화를 다루자. 봄이 되면 눈은 녹아 사라지고, 나뭇가지에 잎이 나고 꽃이 매달린다. 있던 것이 사라지고 없던 것이 나타나는 것을 변화라고 한다면, 우리는 존재가 불완전한 상태에서 완전한 상태로 이행해가는 것을 긍정적인 변화라고 생각하기로 하자. 존재와 비존재 사이의 '불완전한 존재'가 어떻게 완전한 존재로 진화해가는지를 연구 대상으로 삼자. 우리는 사람에 집중하자. 긍정적 진화의 기준은 마음대로 할 수 있는 자유의 양이 얼마나 늘었는지, 또 숨겨진 힘을 얼마나 밖으로 잘 들어낼 수 있었는지이다. 이를 지표로 삼아 평가해보자. 앞으로 너와 내가 만들어갈 '더 큰 나(self)'는 변화경영

전문가라는 테크니션으로부터 변화경영사상가로 확장될 것이다. 너와 내가 통합된 더 큰 나를 만들어내는 것이 우리의 10년 프로젝트다. 자신의 인생을 시(詩)로 만들어내는 것보다 더 아름다운 사업이 있겠는가? '시처럼 산다(Life as a Poem).' 이것이 우리의 목표다. 머리만 아프게 하지 말고, 허리와 가슴도 많이 사용하도록 하자.

나는 이성의 밝은 빛을 따라 삶을 설계할 것이다. 너는 열정이라는 에너지로 나를 지원해다오. 너는 나를 늘 경계로 이끌어다오. 그 경계에서 한 발을 더 내디뎌 내 한계를 넘어 다른 세상으로 도약할 수 있도록 도와다오. 나를 떨리게 하고, 내가 우주적 메시지에 접할 수 있도록 너의 깊은 원형적 무의식을 통찰력으로 활용할 수 있도록 해다오. 그리하여 우리의 삶이 조화로웠다 말하게 하자.

어제는 느지막하게 산에 갔다가, 내려오는 길에 폭우를 만났다. 내가 걷던 좁은 길이 금세 물길로 변하고, 흙탕물이 작은 급류를 이루어 흐르는데, 발 디딜 틈도 없어 그저 물속을 절퍽거리며 긴 길을 따라 내려왔다. 온몸은 다 젖고, 숲은 빗방울 떨어지는 소리로 요란한데, 내 영혼은 바람과 빗물에 온몸을 흔들어 춤추는 잎처럼 즐거웠다. 그러고 보니 모든 나무가 들고일어나 머리를 풀어헤치고 격렬하게 몸을 흔들며 춤추는 듯했다. 나도 춤추듯 걸었다. 갑작스러운 소나기처럼 여름다운 것은 없으며, 그것처럼 당황스러운 것도 드물지만, 일단 젖고 보면 그것처럼 즐거운 하나됨이 없다. 나는 너를 비처럼 받아들여 흠뻑 젖을 것이다. 너는 나를 나무처럼 춤추게 하라. 그리하여 우리는 비 온 뒤의 숲처럼 되자.

감사의 편지

이 책은 2009년에서 2012년까지 〈월간 중앙〉에 실렸던 '구본형의 편지' 를 초고로 삼아 편집했습니다. 저자의 초고를 잘 간직해 전해준 이항복 전 기자의 도움이 컸습니다. 고인의 동반자인 부인께서 편집의 모든 과정에서 따뜻한 시선으로 도와주셨고, 해린, 해언 두 딸이 저자를 대신해 여는 편지를 써주었습니다. 구본형 변화경영연구소의 연구원들, 크리에이티브 살롱 9 여러분도 자기 일처럼 기뻐하며 도와주었습니다.

여기에 수록한 편지들 중 여러 편은 특정한 개인이 수신인이었습니다. 비슷한 처지에 있는 더 많은 독자들이 수신인이 되어 그 편지의 진심어린 이야기와 마주했으면 하는 마음에 이니셜로 바꾸었습니다. 양해를 구합니다.

저자를 대신해 독자 여러분에게 감사드립니다. 그의 모든 책 속 주인공은 바로 독자 여러분이었습니다. 그의 책을 읽고 많은 이들이 삶의 주인공으로서 자신의 책을 써내려갔듯이, 이 편지들을 읽는 여러분도 당신이 꿈꾸는 빛나는 삶을 위해 스스로를 변화시켜나가리라 생각합니다. 저자의 마지막 인사를 전합니다. 고맙습니다.

"내 책을 읽어준 독자들에게 진심으로 고맙다는 말을 전해주게. 내게 나의 독자는 '이름 없는 대중'이 아니었네. 그들이 곧 나였고 내가 그들이었네. 그들과 나는 어제보다 빛나는 오늘을 살고자 매일 맞이하는 일상에서 함께했던 친구였다네. 그들에게 고맙다며 포옹으로 인사하고 싶네. 그들로 인해 나의 삶은 한 편의 시가 되었다네."

2013년 7월 8일

저자를 대신해서 편집자 드림

구본형의 마지막 편지

지은이 | 구본형

1판 1쇄 발행일 2013년 7월 15일
1판 2쇄 발행일 2013년 8월 5일

발행인 | 김학원
경영인 | 이상용
편집주간 | 위원석
편집장 | 최세정 황서현
기획 | 문성환 박민영 박상경 나희영 임은선 최윤영 조은화 전두현 최인영 정다이 이보람
디자인 | 김태형 임동렬 유주현 최영철 구현석
마케팅 | 이한주 하석진 김창규 이선희
저자 · 독자 서비스 | 조다영 함주미(humanist@humanistbooks.com)
스캔 · 출력 | 이희수 com.
조판 | 새일기획
용지 | 화인페이퍼
인쇄 | 청아문화사
제본 | 영신사

발행처 | (주)휴머니스트 출판그룹
출판등록 | 제313-2007-000007호(2007년 1월 5일)
주소 | (121-869) 서울시 마포구 연남동 564-40
전화 | 02-335-4422 팩스 | 02-334-3427
홈페이지 | www.humanistbooks.com

ISBN 978-89-5862-630-5 03320

• 이 도서의 국립중앙도서관 출판시도서목록(CIP)은 e-CIP 홈페이지(http://www.nl.go.kr/ecip)와 국가자료공동목록시스템(http://www.nl.go.kr/kolisnet)에서 이용하실 수 있습니다. (CIP제어번호: CIP2013011352)

만든 사람들

기획 | 정다이(jdy2001@humanistbooks.com) 전두현
편집 | 임미영
디자인 | 김태형
사진 | 하현희 김도윤 신재동 양경수